Patrick Bierther

Wanderglück Industriekultur

Zu Fuß durchs westliche Ruhrgebiet

aktiv
KLARTEXT

Bildnachweis

Adobe Stock: ©Kamzoom S. 3; ©Tupungato S. 4/5, 136; ©Gerhard S. 9; ©Roland Abel S. 10; ©Marcus Retkowietz S. 14; ©haveseen S. 22; ©Spitzi-Foto S. 24; ©brudertack69 S. 25; ©Sina Ettmer S. 34; ©Basotxerri S. 35, 38; ©sehbaer_nrw S. 37 o.; ©mitifoto S. 37 u., 50; ©Marcel S. 44; ©petermh S. 46; ©Falko Göthel S. 47; ©hespasoft S. 48; ©annacovic S. 49; ©PICGU.RU S. 51; ©hpoelker S. 56; ©Annette Schindler S. 57; ©luna1904 S. 65; 124, 153; ©michabo19 S. 68; ©ErnstPieber S. 70; ©Thomas S. 74; ©borisb17 S. 78; ©oparauschebart S. 80; ©dietwalther S. 82; ©venemama S. 86; ©ON-Photography S. 90; ©Klaus Nicodem S. 94 l.; ©miss_mafalda S. 108; ©Carsten S. 126; ©Marcel Reidock S. 150; Hans Blossey: S.15, 17, 73, 131, 142; FUNKE Foto Services: Bastian Haumann S. 107; Imago Images: /imagebroker S.13;115; /Werner Otto S. 16; /blickwinkel S. 58, 154; /Revierfoto S. 59; /Rupert Oberhäuser S. 96, 133; /Gottfried Czepluch S. 109 u.; /Peter Schickert S. 129; /Ralph Lueger S. 132; /biky S. 140; /Shotshop S. 145; /Michael Kneffel S. 156; /Jochen Tack S. 18, 28, 42, 45, 60, 81, 85, 94 r., 100, 102, 109 o., 117, 144, 151; Patrick Bierther: S. 93, 95, 104, 106, 143; WAZ FotoPool: Reiner Kruse S. 157; Wikipedia: Zeche_Zollverein_Schacht_3_7_10_-_Förderturm_Simplicius_CC BY-SA 3.0, S. 121; Herman_Prigann_Halde_Rheinelbe_Gelsenkirchen_Mondholz_Foto_Jesse Krauß_Wikipedia_CC-BY-SA-3.0., S. 139; Stefan Ziese: S. 32, 54, 62,64, 83, 97, 103, 112, 118, 119, 127, 141, 148

In Erinnerung an meinen zeitlebens wanderbegeisterten Großvater, den bündischen Jugendführer der 1920er Jahre

Bibliografische Information der Deutschen Nationalbibliothek
Die Deutsche Nationalbibliothek verzeichnet diese Publikation in der Deutschen Nationalbibliografie; detaillierte bibliografische Daten sind im Internet über portal.dnb.de abrufbar.

Impressum

1. Auflage September 2023
Redaktion: Torsten Wellmann
Layout und Satz: Joachim Bartels
Kartenerstellung: Leon Thomes
Karten: Die Karten wurden mit Daten von OpenStreetMap erstellt (www.openstreetmap.org).
Umschlaggestaltung: Guido Klütsch, Köln
Umschlagabbildung: Jochen Tack
Druck und Bindung: AALEXX Druck Produktion,
Thönser Str. 5a, 30938 Großburgwedel

ISBN 978-3-8375-2577-9

KLARTEXT

Jakob Funke Medien Beteiligungs GmbH & Co. KG
Jakob-Funke-Platz 1, 45127 Essen
info.klartext@funkemedien.de
www.klartext-verlag.de

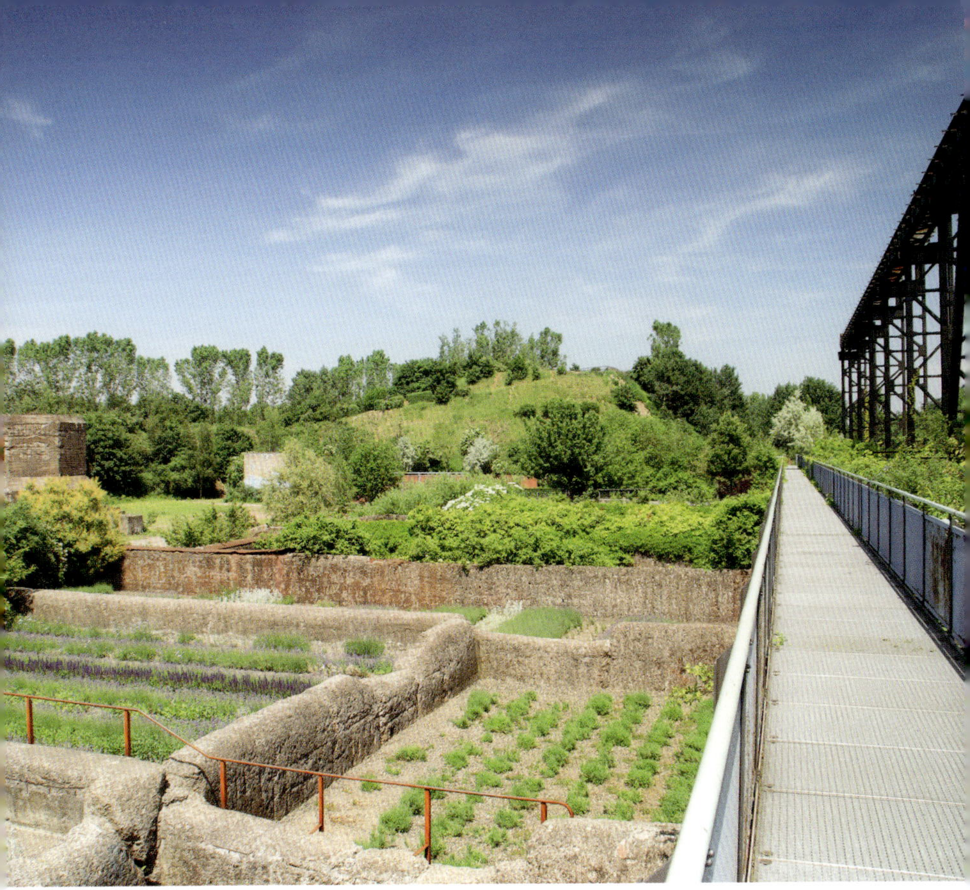

Zeichenerklärung

- Startpunkt
- Zielpunkt
- Haltestelle
- Parkplatz
- Gastronomie
- Sehenswürdigkeit
- Kunstobjekt
- Kulturstätte
- Industriekultur
- familienfreundlich
- Naturerlebnis
- Fotospot
- Aussichtspunkt

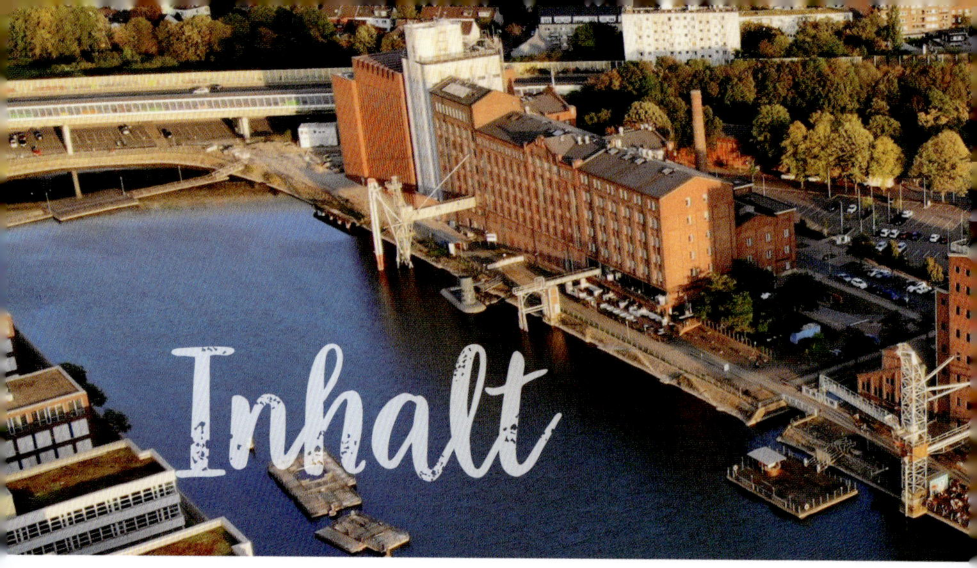

Inhalt

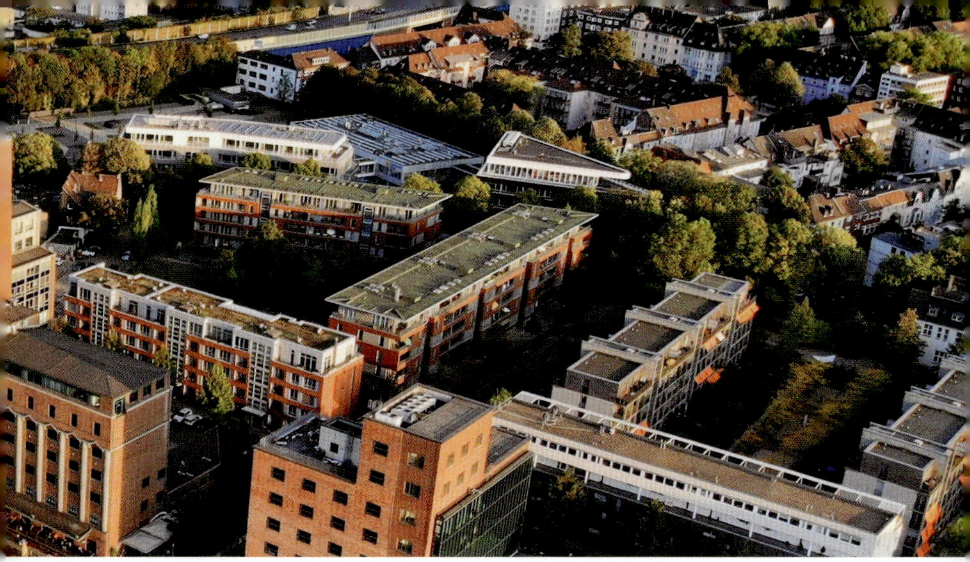

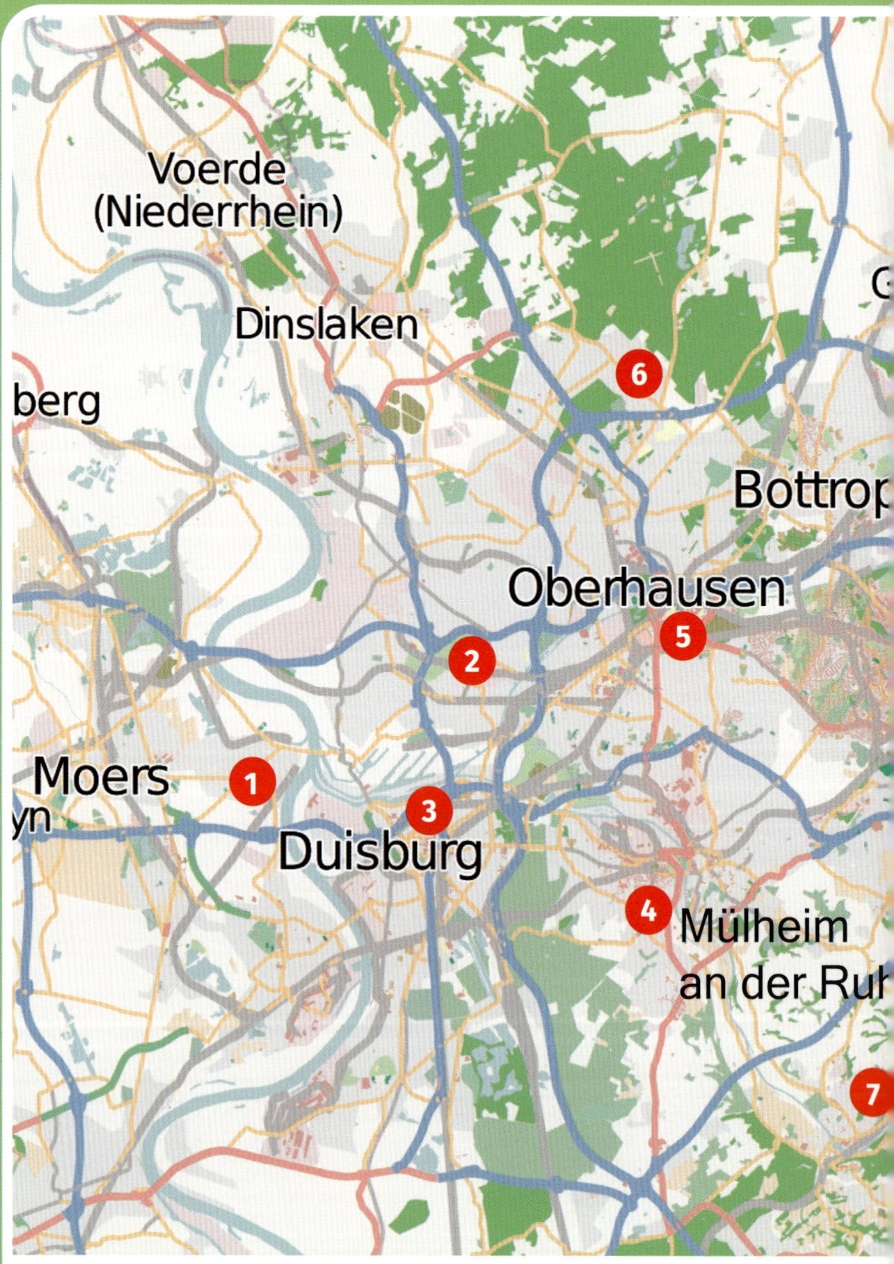
Voerde
(Niederrhein)
Dinslaken
berg
6
Bottrop
Oberhausen
5
2
Moers
1
3
Duisburg
4
Mülheim
an der Ruhr
7

Die Touren im Überblick

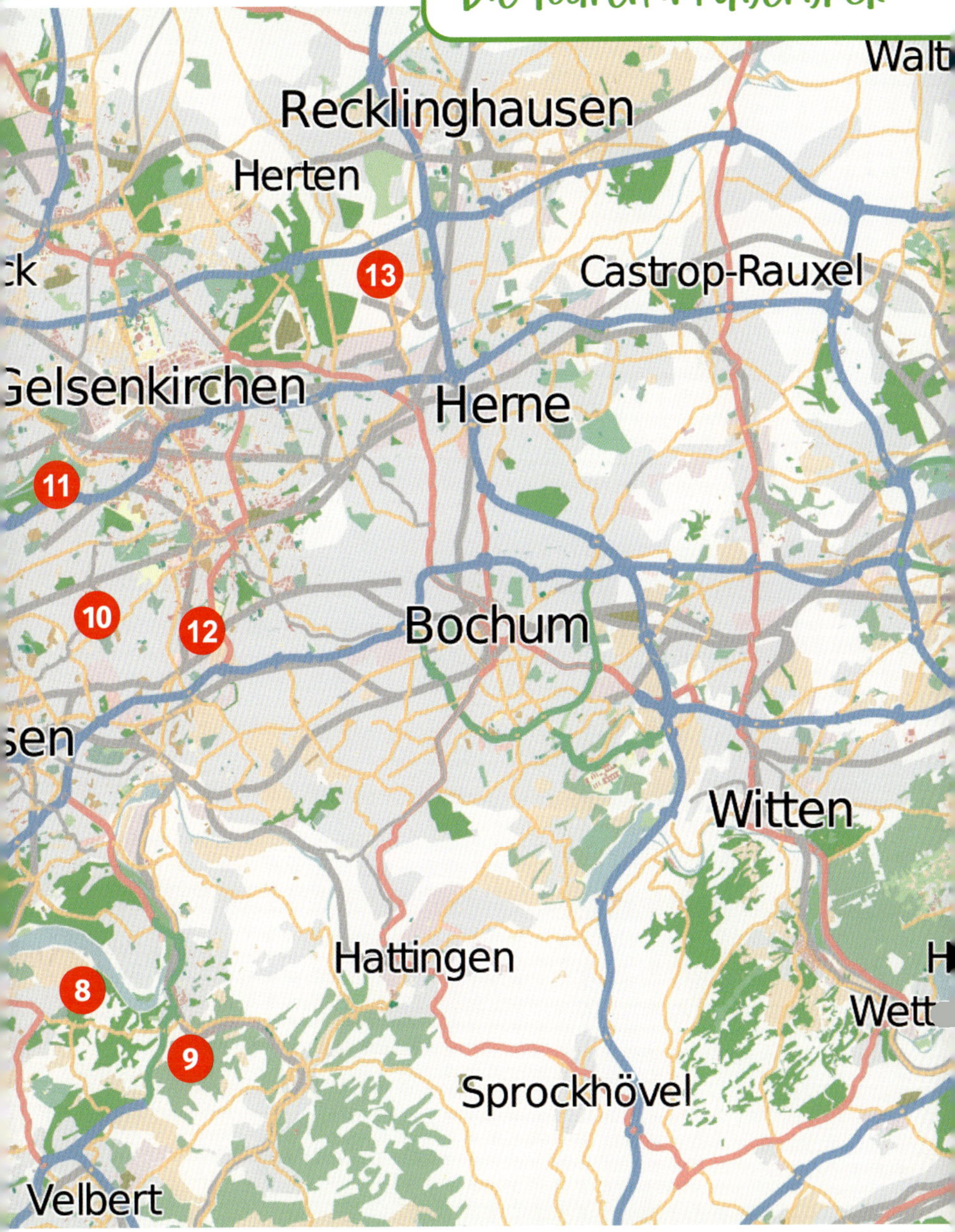

Vorwort

Dieses Buch vereint zwei Megatrends der Freizeitgestaltung im Ruhrgebiet. Die Stätten der Industriekultur sind seit Jahrzehnten Zugpferde des Tourismus und der Kulturbranche. Neu hinzugekommen ist die Massenbewegung des urbanen Wanderns, bei dem wir uns nicht allein die grünen Teile des Stadtraums erschließen. Zu Fuß unterwegs zu sein entschleunigt und eröffnet neue Perspektiven auch auf Bekanntes.

Die 13 Touren in diesem Buch machen den Strukturwandel erlebbar. Sie führen nicht nur zu den landschaftsprägenden Zeugnissen der Montanindustrie: Zechen, Halden, einem Stahlwerk. Sie zeigen auch, dass es im Ruhrgebiet weitere Industrien gab: Wir besuchen die Tuchmacherstädtchen Werden und Kettwig, die Stätten der Lederverarbeitung in Mülheim und folgen den Spuren von Erz- und Kalkabbau im Hespertal. Duisburgs Innenhafen erinnert daran, dass Industrie Logistik benötigt.

Kein Buch über Industriekultur im westlichen Ruhrgebiet kommt ohne eine Auswahl von Highlights wie Zollverein und Landschaftspark Nord aus. In den 13 Touren finden Sie aber auch jede Menge weniger bekannter Sehenswürdigkeiten: Kleinzechen gehören dazu und Kolonien, Baggerseen und verwunschene Gärten, begehbare Kunstwerke und wanderbare Bahntrassen, Ruinen und Lost Places. Vielerorts ist in ehemals industrielle Räume Kultur eingezogen. Und immer wieder führt der Weg durch Industrienatur: junge Vegetation zwischen alten Bauten, wo seltene Tiere und pflanzliche Hungerkünstler kargen Brachen Lebensraum abtrotzen.

Die Wanderungen sind kurz bis mittellang, denn Sie sollen ja Zeit und Energie haben, um die industriekulturellen Sehenswürdigkeiten zu besichtigen. Für Konditionsstarke enthält das Buch Vorschläge für einige Erweiterungen zur Langstrecke. Die Zeitangaben sind Orientierungswerte für durchschnittlich Trainierte und beziehen sich auf die reine Gehzeit.

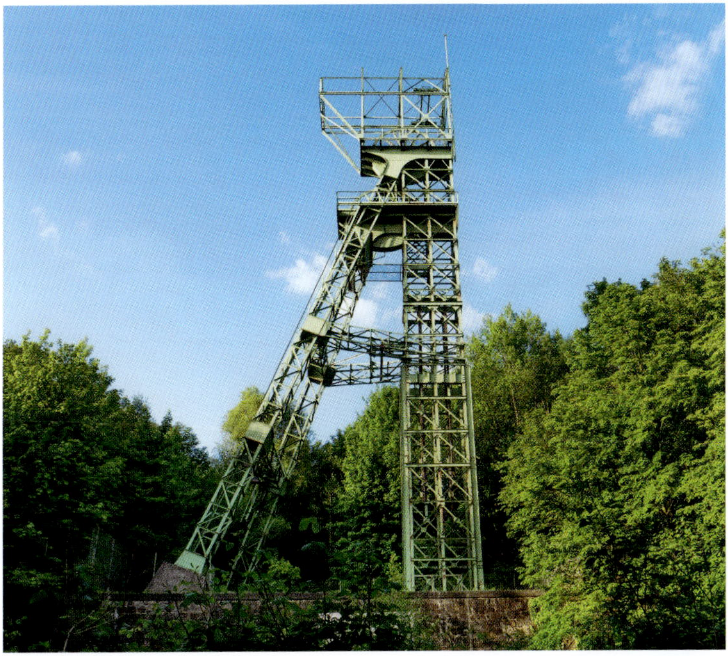

Apropos Orientierung: Vielleicht möchten Sie sich die GPX-Daten auf Ihr Smartphone laden, die der Verlag auf Seite 160 per QR-Code zur Verfügung stellt. Denn in dicht besiedeltem Gebiet können Baustellen oder andere Unwägbarkeiten schon mal die originale Streckenführung verwehren. Und nur die allerwenigsten unserer Routen sind abschnittsweise durch Wanderzeichen markiert.
Zu allen Touren können Sie mit öffentlichen Verkehrsmitteln anreisen. An den ausgewählten Verpflegungs-Stationen sind Sie auch in Wanderkluft willkommen. Wobei Sie die im städtischen Raum nicht wirklich benötigen; robustes Schuhwerk für den festen Tritt ist freilich bei den meisten Strecken unabdingbar.

Viel Spaß beim Erwandern unseres industriekulturellen Erbes – Glück auf!

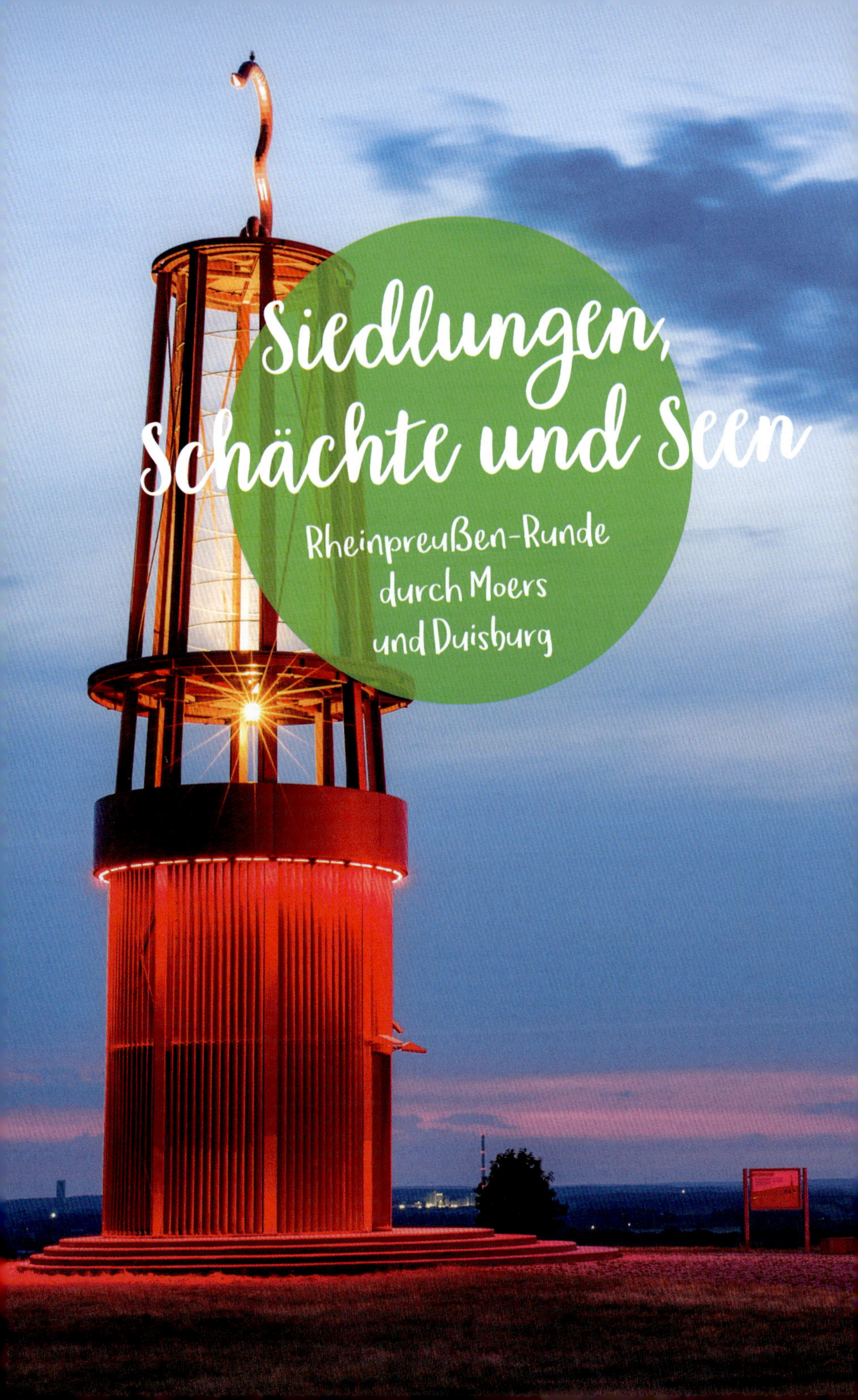

Siedlungen, Schächte und Seen

Rheinpreußen-Runde durch Moers und Duisburg

Der Industriepionier Franz Haniel hatte sich in den Kopf gesetzt, Kohle müsse sich auch linksrheinisch abbauen lassen. 1857 ließ er die ersten Schächte abteufen, doch geologische Schwierigkeiten verzögerten die Förderung um rund 20 Jahre. Dann wuchs die von Haniel patriotisch „Rheinpreußen" genannte Anlage rasch zu einer der Großzechen des Ruhrgebiets. Entsprechend ausgedehnt ist das Gebiet, das diese Wanderung erschließt: Förderschächte, Werkssiedlungen und Halde sind über Moers und Duisburg verstreut, unser Weg führt an Seen und durch Wälder. Es gibt aber Möglichkeiten abzukürzen.

Tour 1

5:39 Std.

18,4 km

Start/Ziel: Waldsee Moers (Anfahrt über die Gutenbergstraße zum Parkplatz Waldsee), 47445 Moers

Anreise mit ÖPNV: Buslinie 4 ab Moers Hbf bis Haltestelle Waldsee

Wegbeschaffenheit: gut befestigte Wege, teilweise Asphalt

Abkürzungsmöglichkeit: Wenn wir vom Südufer des Uettelsheimer Sees nicht südwärts zum Johannenhof, zur Siedlung Rheinpreußen und zum Schacht 1/2 wandern, sondern halbrund um den See nordwärts zu Schacht 8, verkürzt sich die Strecke auf 3:56 Std. / 12,8 km.

Wegbeschreibung:

Unübersehbar krönt die Skulptur einer Grubenleuchte die begrünte Halde am linken Rheinufer zwischen A42 und Bahnlinie. 72 Meter über der Umgebungshöhe prangt das größte Montankunstwerk der Welt und setzt nicht nur durch seine abendliche Beleuchtung Akzente. Am Fuße der Halde liegt nördlich der Waldsee, eine grüngesäumte ehemalige Kiesgrube. Der dortige Parkplatz ist der Startpunkt unserer Wanderung. Zunächst schlängelt sich ein schmaler Pfad, dann ein befestigter Weg auf die Halde, bis zum Geleucht benötigen Sie eine knappe halbe Stunde.

Abstecher

Halde Rheinpreußen

Die Halde wurde in Moers-Meerbeck von 1963 bis 1990 aufgeschüttet. Das Geleucht des Künstlers Otto Piene komplettierte die Landmarke 2007. Die Stahlkonstruktion erinnert nicht nur an die Arbeit der Bergleute, die Lichtfarbe spiegelt zugleich das Glühen der Stahlwerke am gegenüberliegenden Rheinufer wider. Auf der Kuppe mit der zehn Meter hohen Aussichtsplattform haben Sie Fernsicht und stehen abends mitten im Haldenglühen (Taschenlampe mitbringen!).
www.das-geleucht.de

Von der Halde konnten wir schon die ersten Fördertürme sehen, ihnen und den Zechensiedlungen entgegen ziehen wir nun entlang der Römerstraße. Rechts liegt ein Chemiewerk, zur Zeit des Nationalsozialismus verflüssigte dort die Rheinpreußen AG Kohle zu Benzin. Am Kriegerdenkmal biegen wir nach rechts von der Römer- in die Bismarckstraße ein. Jetzt haben wir die Siedlung Meerbeck erreicht.

Am Weg

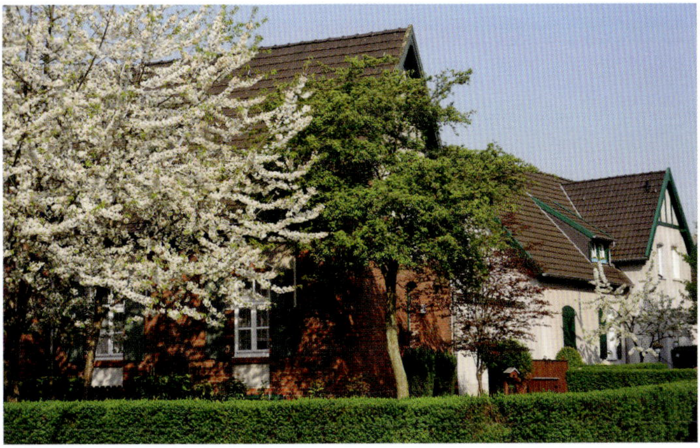

Kolonie Meerbeck

Die Gartensiedlung machte ab 1900 das Dorf Meerbeck zu einem Stadtteil für 10.000 Menschen. Sie besteht aus Vierfamilienhäusern mit Vorgärten und – heute umgenutzten – Stallungen, wegen der beträchtlichen Entfernung zum Moerser Zentrum entstanden auch Läden, eine Berufsschule und eine Kirche. Die Stadt beschloss 1980, die Siedlung zu kaufen, und restaurierte sie in den 1990er Jahren. Bummeln Sie durch die beschaulichen Querstraßen: Namen wie Eisen- oder Schlägelstraße erinnern an die Bergbauvergangenheit, an der Einmündung der Hammer- in die Bismarckstraße sind eine Barbara-Statue und andere Bergbau-Andenken aufgestellt.

Wir biegen nach links in die Lindenstraße ein. Der Parkplatz ist nach dem Arbeiterdichter Johann Esser benannt, der im KZ den Text zum „Lied der Moorsoldaten" verfasste und nach der Befreiung Betriebsrat auf der Zeche Rheinpreußen war. Der Friedhof wird seit 1900 belegt. Auf der anderen Straßenseite strahlen die Häuschen mit ihren gepflegten Vorgärten Behaglichkeit aus.

An einer kleinen Freifläche erinnert seit 2017 eine Statue an den sprichwörtlichen „Kumpel Anton": Auf dem Rücken liegend stemmt er sich mit Presslufthammer und Füßen dagegen, verschüttet zu werden. Vorbei an Rauputz, Klinker, Klappläden, Wäscheleinen und blühenden Gärten gehen wir über die Annaberg- in die Werrastraße. Kiosk und türkische Teestube liegen unmittelbar nebeneinander, ein Sinnbild für die Nachbarschaft in dieser Siedlung.
Wir kreuzen die Kirschenallee und gehen zwischen den Holzbauten der Schule und dem Wasserlauf nach Nordwesten, bis wir wieder auf die Römerstraße stoßen. Ihr folgen wir bis zur Kreuzung Franz-Haniel-Straße. Der Name und die Ampelmännchen in Bergmannsgestalt deuten schon auf die Nähe der Zeche. Wir wechseln in die südlich parallele Kohlenstraße und erreichen durch eine Grünanlage den Schacht Rheinpreußen 4.

Am Weg

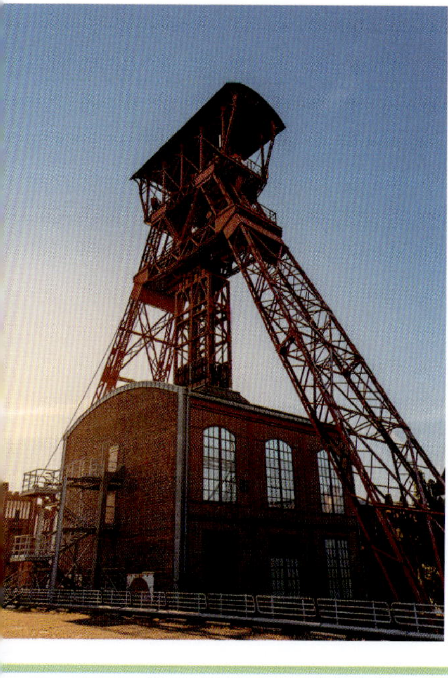

Schacht 4

Der Schacht wurde ab 1900 abgeteuft. Sein Doppelstreben-Fördergerüst ist erhalten, es wurde nach der Stilllegung des Schachts 1990 restauriert wie auch Büro, Kaue und Fördermaschinenhaus. Die Gebäude stehen unter Denkmalschutz und sind Teil der Route Industriekultur. Highlight im Fördermaschinenhaus ist die elektrische Anlage aus dem Jahr 1906. Ehrenamtler ermöglichen Besichtigungen. In den schmuck renovierten neugotischen Backsteingebäuden sind Dienstleister untergekommen, ringsum entstand ein reizloses Gewerbegebiet mit Handelsketten.
www.moers.de

Unsere Route führt durch ein Neubaugebiet und Grünland nach Nordosten zum nächsten See. Er liegt bereits auf Duisburger Stadtgebiet.

Am Weg

Uettelsheimer See

Entstanden ist auch dieser See durch Kiesabgrabung, heute dient er als Naherholungsgebiet. An der Südwestecke lockt ein toller Wasserspielplatz mit Sandstrand, dort hält der Eiswagen. Wanderwege führen am Ufer entlang. Im Schatten von Bäumen oder auf großen Wiesen lässt sich chillen. Das Baden ist gefährlich und darum verboten.

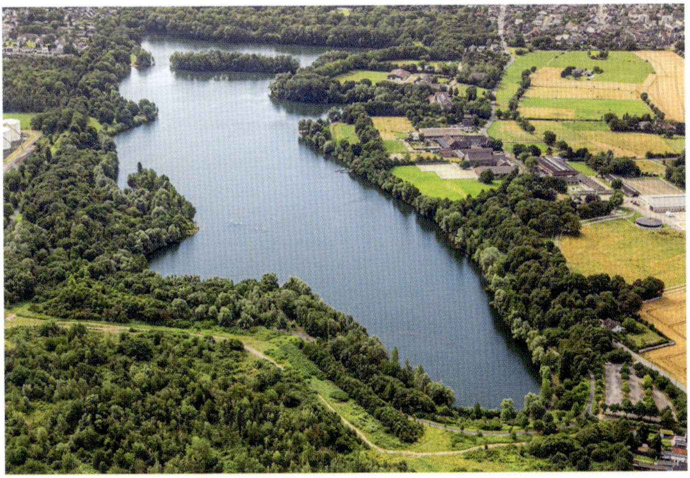

An der Südostecke des Sees entscheiden wir uns: Kürzen wir ab, verzichten auf die folgenden drei Zwischenziele und laufen am östlichen Seeufer zurück nach Norden? Wenn wir dagegen die gesamte Strecke wandern möchten, nehmen wir den Schwarzen Weg nach Süden. Wir folgen seiner Verlängerung bis zur nächsten Zechensiedlung.

Am Weg

Siedlung Johannenhof

Rund um die gleichnamige Straße liegt die historische Siedlung Johannenhof. Hier wurden die Beamten angesiedelt, also die leitenden Angestellten der Zeche – fußläufig zum Betrieb, denn im Falle von Störungen mussten sie schnell zur Stelle sein. Die rund 100 Gebäude bieten mehr Wohnraum als die klassischen Arbeiterhäuschen. Häuser und Torbögen bilden ein biedermeierliches Ensemble um eine Freifläche. Ursprünglich war dies ein Spielplatz, jetzt eine Wildblumenwiese: ein malerischer Platz für eine Rast.

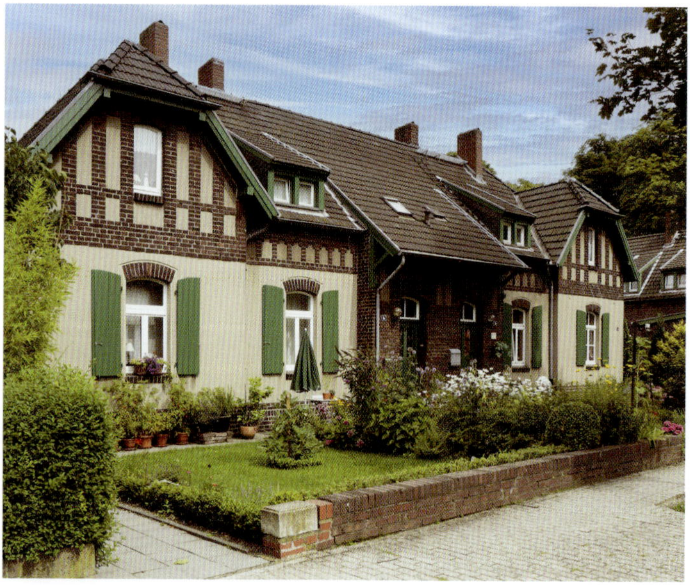

Die Häuser wurden ab 1913 erbaut und stehen unter Denkmalschutz.

Eine Bürgerinitiative bewahrte die Siedlung Johannenhof vor dem Abriss. Weniger Glück hatte die südlich anschließende Arbeiterkolonie.

Am Weg

Siedlung Rheinpreußen

Anfang des 20. Jahrhunderts wurde für die auf fast 10.000 Beschäftigte angewachsene Belegschaft der Zeche Rheinpreußen die gleichnamige Arbeitersiedlung errichtet. Die Ziegel wurden auf der Zeche hergestellt. Einzel- und Doppelhäuser in aufgelockerter Anordnung wirken mit ihren Gärtlein fast ländlich. 1967 war der Niedergang des Bergbaus absehbar, ein Baulöwe kaufte die Siedlung, ließ 1.200 Wohneinheiten abreißen und durch sechs riesige Hochhäuser ersetzen. Hungerstreiks der Bewohner retteten den Rest der Altbauten. Einige der 20-stöckigen „Weißen Riesen" wurden als Ausgeburten einer städtebaulichen Fehlplanung vor kurzem gesprengt, die anderen überragen die Kolonie noch heute.

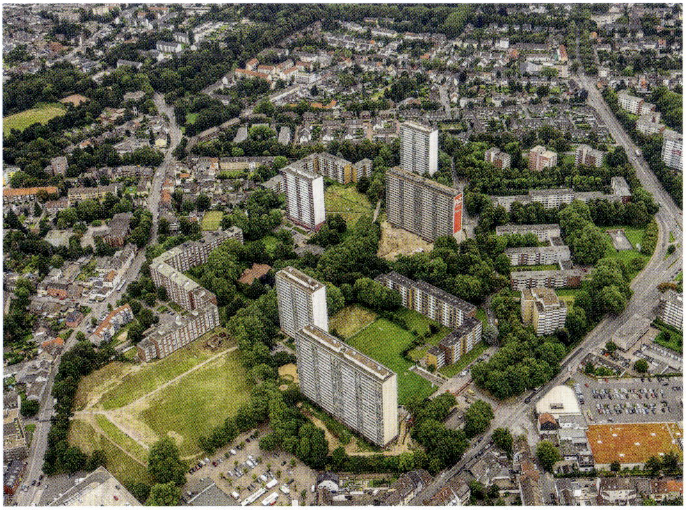

Der nächste Werksteil der ausgedehnten Zeche liegt bereits in Sicht. Östlich der Siedlung finden wir den früheren Arbeitsplatz der Kumpel, Rheinpreußen 1/2, markiert durch den Malakoffturm.

Abstecher

Schacht 1/2

Der Malakoffturm überragt die Doppelschachtanlage in Duisburg-Homberg. Die festungsartige Bauart mit den massiven Backsteinmauern wurde nach einem Fort aus dem Krimkrieg benannt. Die Förderung hier endete bereits 1925. Für den Turm und das Verwaltungsgebäude mit dem Uhrturm hat sich noch keine neue Nutzung gefunden. Gelungen ist die Rettung anderer Gebäude: Wenn wir über die Baumstraße den Weg zurück nach Norden nehmen, passieren wir drei geräumige Doppelhäuser, die für die Rheinpreußen-Steiger fertiggestellt wurden. An der Moerser Str. 149 ist eine weiß verputzte Direktorenvilla erhalten.

Wir kehren zurück zum Uettelsheimer See und wandern an dessen Ostufer nach Norden. Parallel zur alten Bahntrasse lässt sich gut durchs Grüne laufen, nach Belieben auch direkt am Rheinufer. An der Kohlenstraße kommt unser letztes Etappenziel in den Blick.

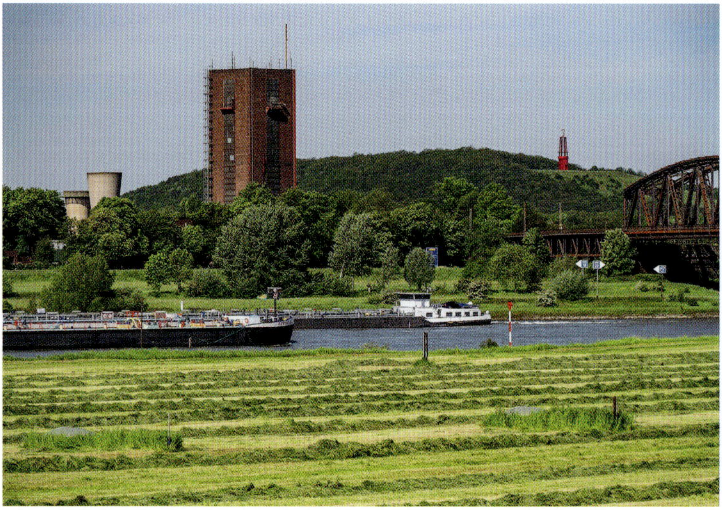

Der Förderturm von Schacht 8 steht am Rheinufer, im Hintergrund liegt die Halde Rheinpreußen mit dem Geleucht.

Am Weg

Schacht 8 „Gerdt“

Unmittelbar am Rheindeich liegt in Duisburg-Baerl der Schacht Rheinpreußen 8, genannt Gerdt. Weithin sichtbar ist sein Förderturm aus den 1950er Jahren. Malakofftürme und offene Fördergerüste waren seinerzeit von geschlossenen Konstruktionen abgelöst worden. Der Architekt Fritz Schupp (s. Kapitel 10) gestaltete den Turm über Schacht 8 in Stahlfachwerk. Form und Bauweise erinnern nicht zufällig an Zeche Zollverein, auch die dortigen Gebäude hat Schupp entworfen. Die später seitlich von „Gerdt“ platzierten Betontrichter dienten Lüftungszwecken.

Am Rheinufer können wir das Duisburger Industriepanorama auf der anderen Flussseite auf uns wirken lassen. Züge überqueren den Strom über die Haus-Knipp-Brücke, die Eisenfachwerk-Konstruktion war einmal die weitest gespannte Bahnbrücke Europas. Zurück zum Ausgangspunkt dieser Wanderung geht es über Hegentweg und Voßbuschstraße.

Gastronomie

Eatalio
Gegenüber vom Fördermaschinenhaus auf Schacht 4: italienisches Restaurant mit 30-Meter-Buffet, kein à la carte.
www.eatalio.de

La Vespa 50
Beliebter „Italiener“ an der Moerser Str. 40 in Duisburg-Homberg, benannt nach dem Motorroller-Klassiker.
www.lavespa50.de

Germendonkshof
Für Fleischliebhaber: Steakrestaurant mit großem überdachtem Außenbereich an der Kolonie Meerbeck.
www.germendonkshof.de

Tour 1

Startpunkt

Zielpunkt

Haltestelle

Parkplatz

Gastronomie

familienfreundlich

Kunstobjekt

Industriekultur

Naturerlebnis

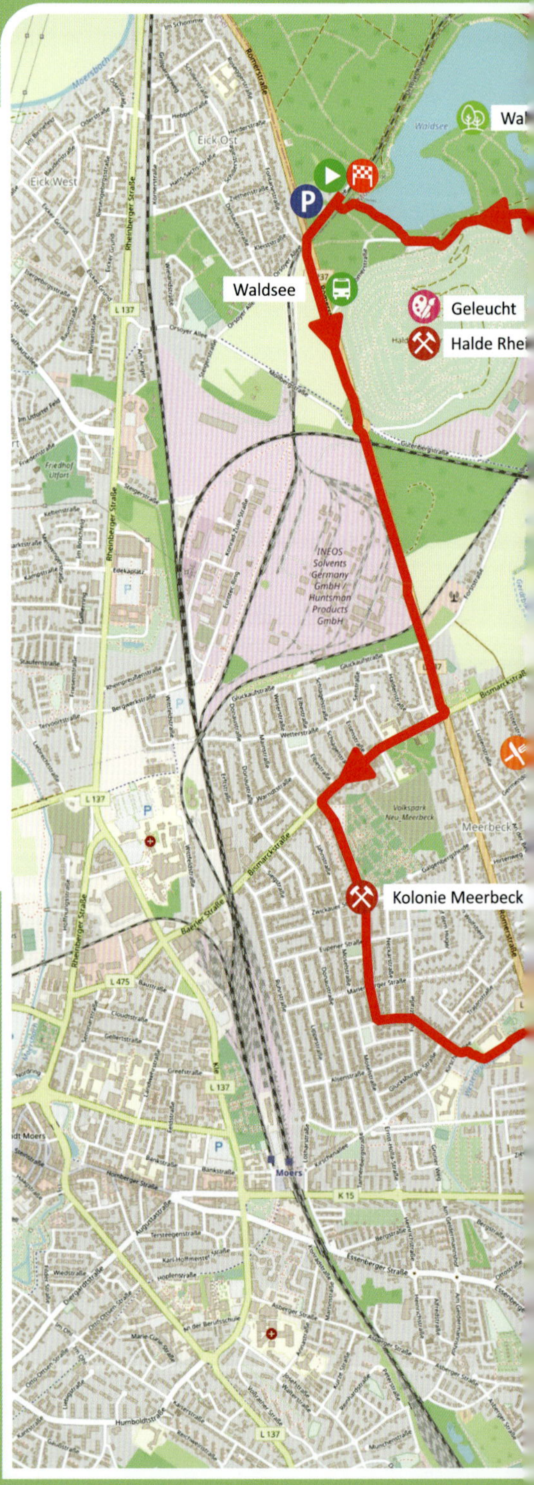

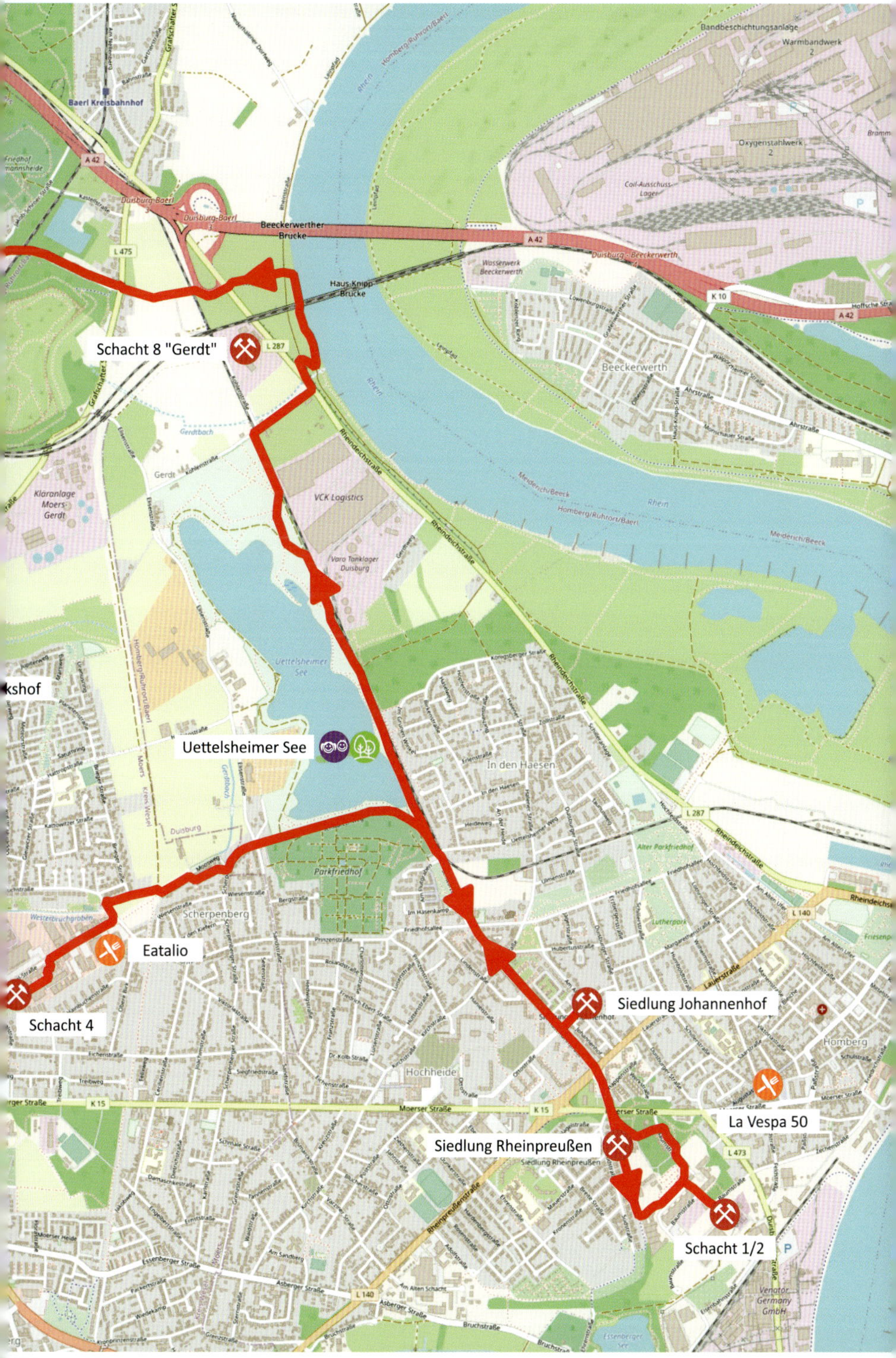
Schacht 8 "Gerdt"
Uettelsheimer See
Eatalio
Schacht 4
Siedlung Johannenhof
La Vespa 50
Siedlung Rheinpreußen
Schacht 1/2
Baerl Kreisbahnhof
Beeckerwerther Brücke
Haus-Knipp-Brücke
Beeckerwerth
VCK Logistics
In den Haesen
Parkfriedhof
Scherpenberg
Hochheide
Homberg
Rhein
Moerser Straße

Hoch hinauf und weit hinaus

Rund um Duisburgs Landschaftspark Nord

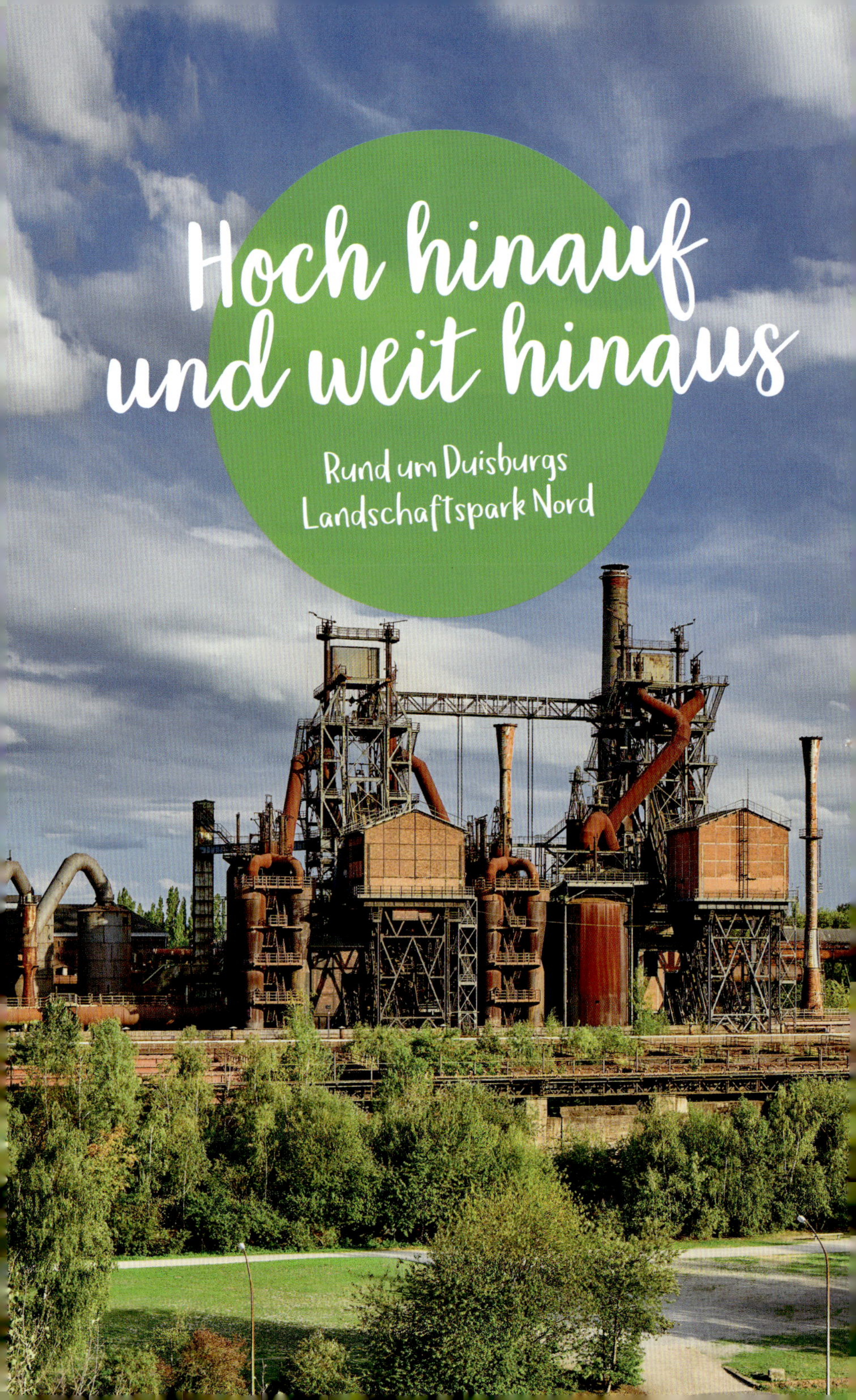

Eines der industriekulturellen Highlights Europas ist der Landschaftspark Duisburg-Nord. Von 1903 bis 1985 lieferte hier ein Thyssen-Hüttenwerk Roheisen für die Stahlindustrie. Die Internationale Bauausstellung IBA Emscher Park wandelte die stillgelegte Schwerindustrieanlage um in einen 180 Hektar großen Park, der bei freiem Eintritt jährlich eine Million Gäste anzieht. Unsere Wanderung erkundet nicht nur die verbliebenen Anlagen, sondern auch die Industrienatur der umliegenden Brachflächen.

Tour 2

1:40 Std.

6,5 km

Start/Ziel: Haupteingang an der Emscherstr. 71, 47137 Duisburg (Navi: Emscherstraße Duisburg-Hamborn), kostenfreie Parkplätze gegenüber vom Haupteingang und an der Hamborner Straße

Anreise mit ÖPNV: Busse 906 oder 910 bis Haltestelle Landschaftspark Nord, von dort in die Emscherstraße (Fußweg ca. 10 Minuten), Wegeinformationen an der Haltestelle

Wegbeschaffenheit: gute Wanderwege, Schotter, Asphalt; kaum Steigungen

Wegbeschreibung:

Wir starten am Haupteingang des Landschaftsparks, er liegt an der Emscherstraße gegenüber dem großen Parkplatz. Links vom Eingang können Sie sich im Hauptschalthaus mit Infos und Kalorien versorgen: Dort sind das Besucherzentrum und ein Restaurant untergebracht. Sie erhalten Übersichtspläne und Hinweise wie den, dass grün gestrichene Geländer trittsichere Bereiche ausweisen, während das Klettern anderswo lebensgefährlich ist.
Wir bewegen uns zwischen den Schienen und dem langgestreckten Gebäude links entlang. Dies ist die ehemalige Kraftzentrale, errichtet 1906 für die werkseigene Energieerzeugung. Riesige Gasmaschinen darin wurden mit gereinigtem Gichtgas aus den Hochöfen betrieben. Jetzt finden in der Halle Events statt.

Am Weg

Alte Verwaltung, junge Herberge

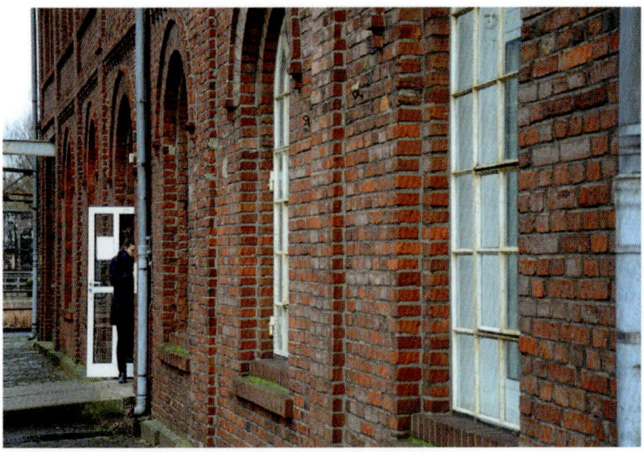

Das Gebäude, auf das wir zulaufen, diente ab 1907 als Verwaltungssitz. Später wurde es umgebaut zum Sozialgebäude des Hüttenwerks. Nun ist hier die Jugendherberge Duisburg Landschaftspark untergebracht. In den 38 Zimmern gibt es 142 Betten und ringsum das Werk als riesigen Abenteuerspielplatz. Der Umbau auf modernen Standard hat den Charme der Fassade nicht leiden lassen: Die weißumrahmten Fenster verleihen dem Ziegelbau etwas gediegen Niederländisches.
www.jugendherberge.de/jugendherbergen/duisburg-landschaftspark

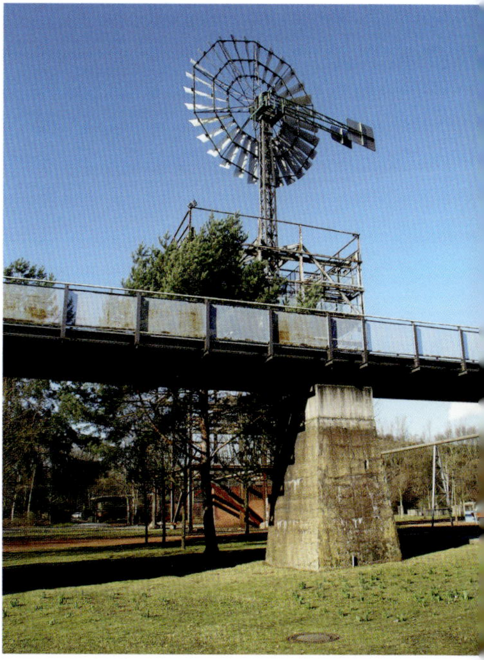

Das Windrad dreht sich in 40 Metern Höhe.

Wir gehen rechts zwischen der Jugendherberge und dem Nachbarbau durch, wenden uns gleich wieder nach links und folgen dem Weg entlang an kleineren Gebäuden, in denen unter anderem eine Radstation und die Biologische Station Westliches Ruhrgebiet untergebracht sind. Einen schmalen Tunnel und einen Gleisübergang weiter öffnet sich die Landschaft.

Ab jetzt geht es im weiten Bogen nach Westen durch vielgestaltige Industriekultur. Der Weg verläuft lange parallel zur Alten Emscher. Das Gewässer hat mit dem Fluss nur noch den Namen gemein: Die Emscher wurde zu Beginn des 20. Jahrhunderts kanalisiert, zum Abwasserkanal degradiert und verlegt. Der vormalige Flussverlauf heißt heute offiziell Klarwasserkanal und führt Regenwasser. Das weithin sichtbare Windrad am Sinterplatz sorgt für Wasserzirkulation.

Links, also im Süden, sehen wir ehemalige Werkshallen, sie beherbergen heute Logistikfirmen. Die Brache davor wird langsam von der Natur zurückerobert. Pionierpflanzen, die auf Schutt und Asche, Stäuben und Schlacken überleben, machen den Anfang. In der Biologischen Station erfahren Sie mehr darüber.

Wir gehen ein kleines Stück parallel zur A59 und überqueren die Autobahn an der nächsten Brücke. Wenn wir von hier aus zurückschauen, verdeutlicht der Blick zurück die Ausdehnung des Hüttenwerks. Windrad, Schlote und Hochöfen wirken auch auf die Entfernung gewaltig.

An einer roten Pergola können wir auf einer Bank rasten. Von hier gehen wir auf der anderen Seite der A59 nach Norden und biegen an

der ersten Möglichkeit nach links in die pappelgesäumte Emscherpromenade.
Weiter geht's entlang der Alten Emscher nach Westen, bis wir auf die Papiermühlenstraße stoßen und ihr nach Norden folgen. Biegen Sie in einen der Waldwege nach rechts, sie stoßen im Nordosten auf die Möhlenkampstraße. Ihr und ihrer Verlängerung Beecker Straße folgen wir.
Sie befinden sich auf historischem Industriegelände. Denn hier lag die Zeche Friedrich Thyssen Schacht 4/8, von der kaum bauliche Reste erhalten sind, und eine der größten Kokereien Europas – an deren Stelle befindet sich ein Möbelhaus. Unter dem riesigen Mast mit dem Ikea-Logo lässt sich in Hängematten darüber sinnieren, warum nicht wenigstens das hier befindliche Markenkontroll-Gebäude erhalten wurde.
Entweder auf dem Ikea-Parkplatz oder entlang der Hamborner Straße bewegen wir uns auf interessantere Gefilde im Südosten zu. Wir überqueren wieder die A59 und laufen nun auf gut ausgeschilderten Pfaden dem Hüttenwerk zu. Dabei lohnt ein Abstecher wenige Meter nach links zu einem Lost Place.

Abstecher

Stadtrandgarten

Die dort befindlichen Wohnhäuser und eine Gaststätte mussten der Autobahn weichen. Die Gärten wurden als Reservefläche für das Hüttenwerk vorgehalten, aber nie genutzt und darum vergessen. Erst während der Umwandlung des Werksgeländes zum Landschaftspark wurden sie wiederentdeckt. Heute ist ein Bereich gärtnerisch gestaltet, der Großteil mit den verwilderten Zier- und Obstgehölzen blieb ein wucherndes Biotop.

Wir gehen zurück auf den Weg und folgen ihm nach Nordosten zum Sinterplatz. Das große Windrad weist uns den Weg.

Am Weg

Sinterplatz

Die Sinteranlage der Hütte verdichtete Erzstäube zu hochofenfähigem Material, dem Sinter. Das Gros der Anlage wurde 1993 abgerissen. Vom Kamin blieb ein Stumpf, in dem Bäume wachsen. Die seitlich davon gelegenen Materialbunker wurden umgewandelt in „Sintergärten", über die Sie mit Blick auf Lavendelpflanzungen spazieren können. Der Reiz dieses Parkbereichs liegt in dem Kontrast zwischen der Bepflanzung, dem Wildwuchs und den postapokalyptisch wirkenden Ruinen. Pausenplätze mit Überblick gibt's im Amphitheater und auf dem Gipfel der angrenzenden Schlackenhalde.

Wir überqueren ein letztes Mal die Alte Emscher und bewegen uns nach Osten auf eine langgestreckte Betonkonstruktion zu. Dies sind die ursprünglich 240 Meter langen Möllerbunker, die Vorratskammern der Hochofenanlage. Heute sind darin nicht mehr Erze, Koks und Kalkstein untergebracht, sondern Kunstwerke und ein Klettergarten des Deutschen Alpenvereins (Einlass für jedermann, Alpenhütte!). Eine Rutsche durchbricht eine der massiven Betonmauern.
Jetzt haben wir den Kernbereich des Hüttenwerks erreicht. Kein Reiseführer durchs Ruhrgebiet kommt ohne die Beschreibung der hier gelegenen Highlights aus. Sie können sich einfach treiben lassen und schlendern, wo noch vor wenigen Jahrzehnten hart malocht wurde und kein Zutritt für Werksfremde war. Infotafeln stellen die einzelnen Bauten vor.
Oder Sie gehen es systematisch an. Falls Sie es nicht gleich eingangs getan haben, steuern Sie das Besucherzentrum im Hauptschalthaus am Startpunkt unserer Wanderung an. Dort können Sie sich mit Karten und einer App eindecken, auch Infos über andere Standorte der Industriekultur sind erhältlich.

Info

Rund um Piazza Metallica und Cowperplatz

Falls Sie auf Sport aus sind, bieten sich ein Tauchgang im Gasometer an und der Fahrradverleih, kraxeln können Sie im erwähnten Klettergarten oder durch einen Hochseilparcours. Großveranstaltungen steigen auf der „Piazza Metallica“ und am „Cowperplatz“. Die Gebläsehalle bietet bis zu 600 Menschen Platz bei Feiern und Kulturveranstaltungen zwischen Industriehallenarchitektur und erhaltenen Maschinen. Für Kinder gibt es mehrere Spielplätze und für Naturliebhaber außer den erwähnten Grünflächen und Gärten auch die Bauerngärten am Ingenhammshof. Das ist der im Osten des Parks gelegene einzige Bauernhof der Umgebung, der die Industrialisierung überstanden hat.

Zum Abschluss gönnen wir uns einen Rundblick auf unsere heutige Route vom buchstäblichen Höhepunkt des Parks und erklimmen den Hochofen 5.

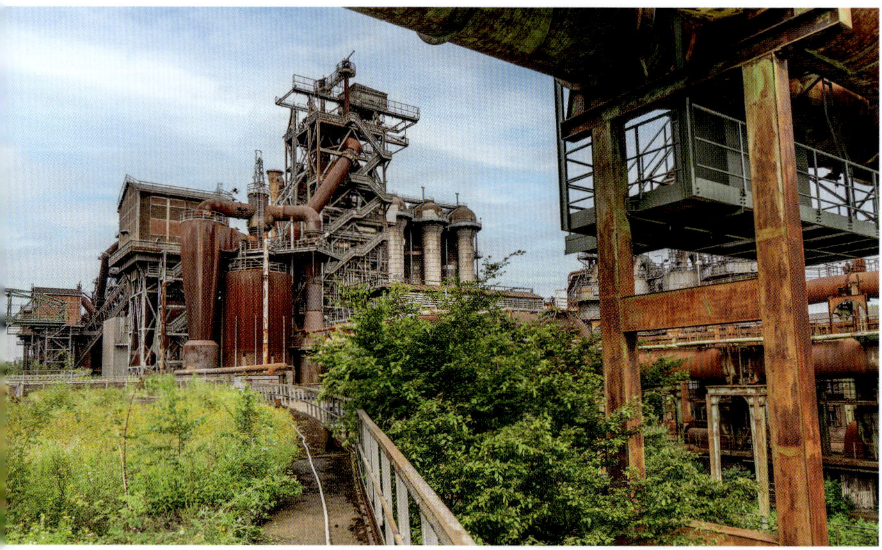

Riesiger Abenteuerspielplatz: das Werk rund um die Hochöfen

Am Weg

Hochofen 5

Bis zu 2.000 Grad Celsius herrschten im Hochofen zu Betriebszeiten, heute heizt nur die Sonne das imposante Bauwerk auf. Fünf solcher Giganten besaß das Hüttenwerk Meiderich, von den drei erhaltenen ist Hochofen 5 der einzige, der frei begehbar ist – außer bei Dunkelheit, Sturm oder Glätte. Errichtet wurde er 1952. 1982 ließ Thyssen ihn überholen, daher ist er so gut erhalten. Bei der Werksschließung 1985 blieb er funktionsfähig und „besenrein“ zurück.

Eine stählerne Treppe führt auf eine Besuchsplattform. Aus 70 Metern Höhe liegt uns der Landschaftspark zu Füßen. Wie klein wirken die riesigen Anlagen von oben! Weit geht der Blick über Duisburg und seine Nachbarstädte und über den Rhein. Besonders spannend war nach Sonnenuntergang das Lichtermeer der Großstädte, doch aus Sicherheitsgründen ist der Hochofen nachts inzwischen gesperrt. Unverändert aber taucht bei Einbruch der Dunkelheit die Lichtinstallation des britischen Künstlers Jonathan Park das Hüttenwerk in ein faszinierendes Farbenmeer (freitags, samstags, sonn- und feiertags).

Gastronomie

Restaurant Hauptschalthaus
Industrielounge mit Terrasse direkt auf dem Park-Gelände in der Schaltzentrale von 1960, saisonal wechselnde Karte.
www.hauptschalthaus.com

Ikea-Restaurant
Zugegeben: nicht originell, aber schnell, günstig und fast kein Umweg von unserer Route.
www.ikea.com/de/de/stores/duisburg

Ingenhammshof
Kaffee und Kuchen auf dem Lernbauernhof, zu Fuß entlang der Emscherstraße sieben Minuten nach Osten.
www.awo-duisburg.de

Tour 2

- Startpunkt
- Zielpunkt
- Haltestelle
- Parkplatz
- Gastronomie
- familienfreundlich
- Aussichtspunkt
- Industriekultur
- Naturerlebnis
- Fotospot

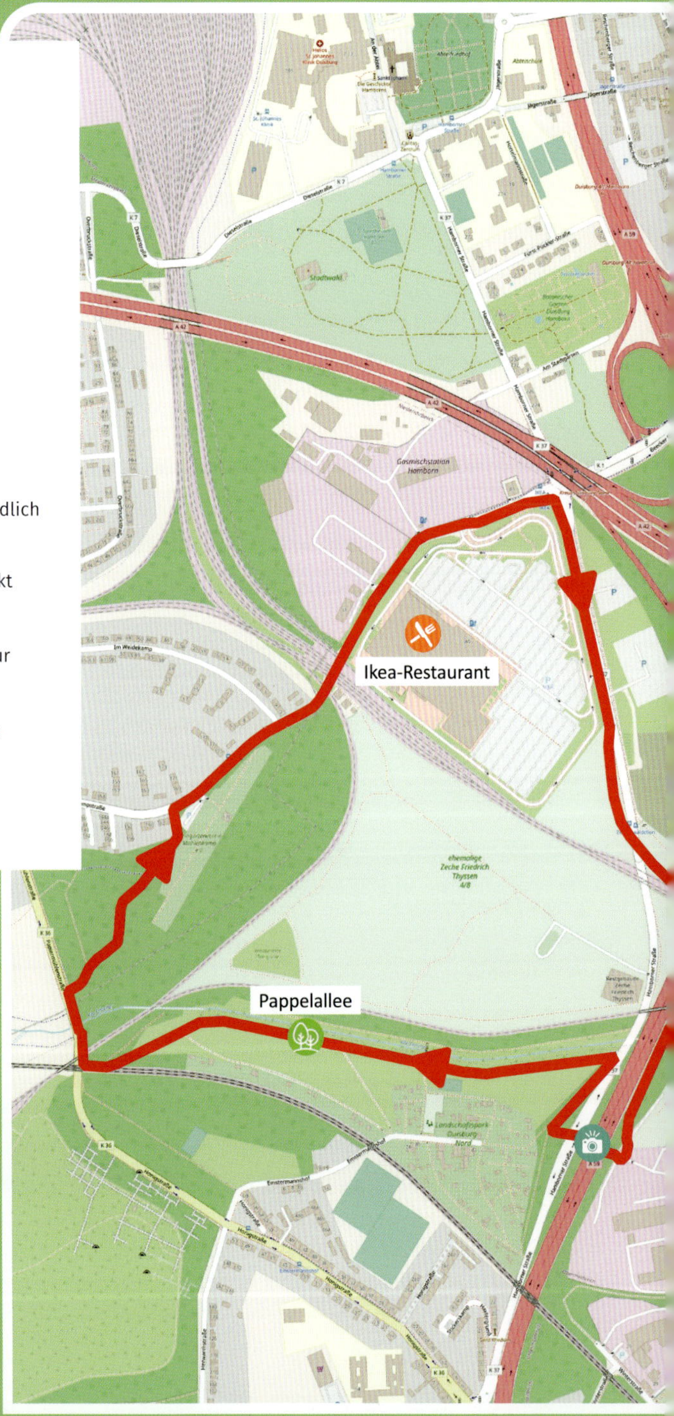

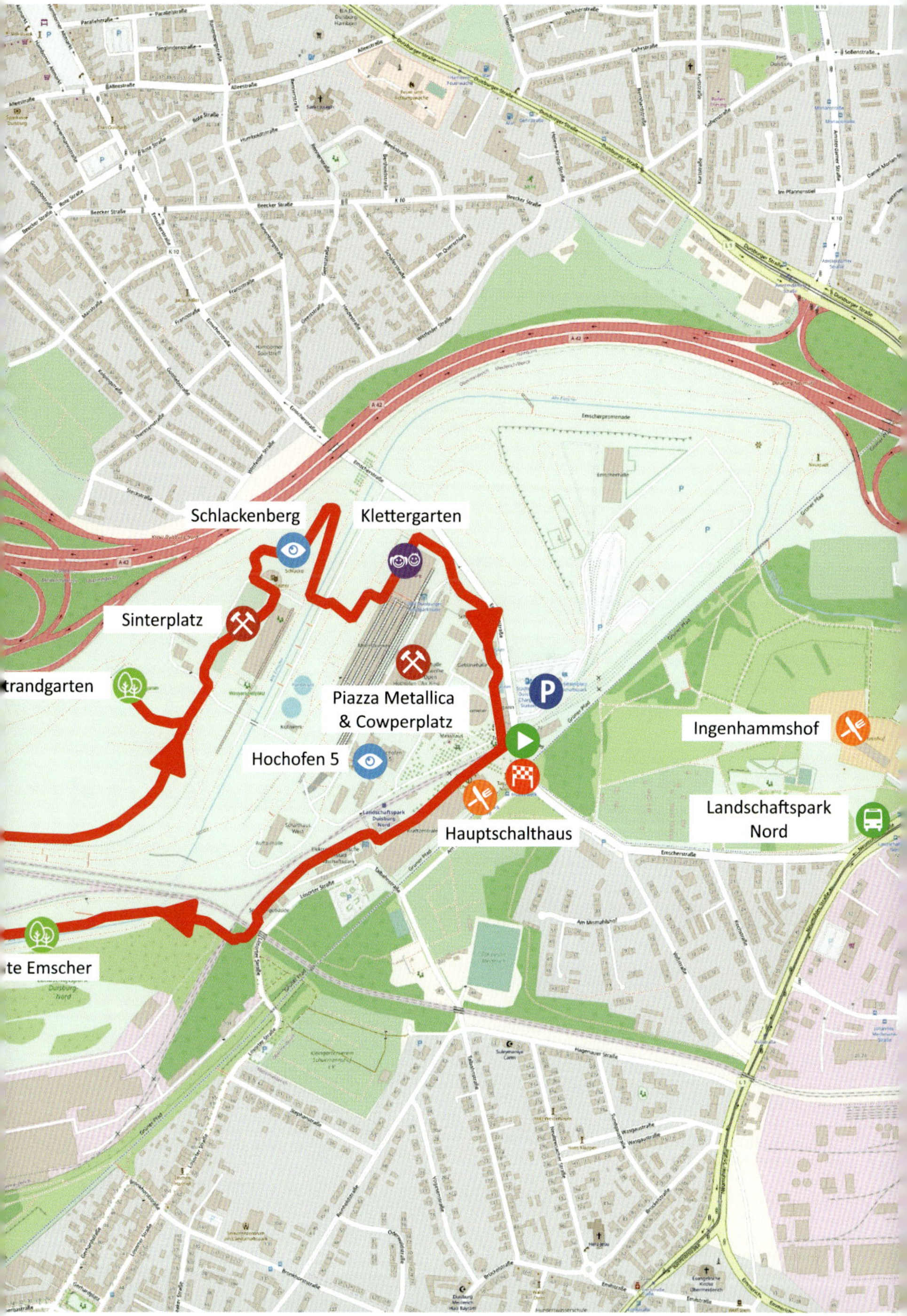
Schlackenberg
Klettergarten
Sinterplatz
trandgarten
Piazza Metallica
& Cowperplatz
Hochofen 5
Ingenhammshof
Landschaftspark
Nord
Hauptschalthaus
te Emscher

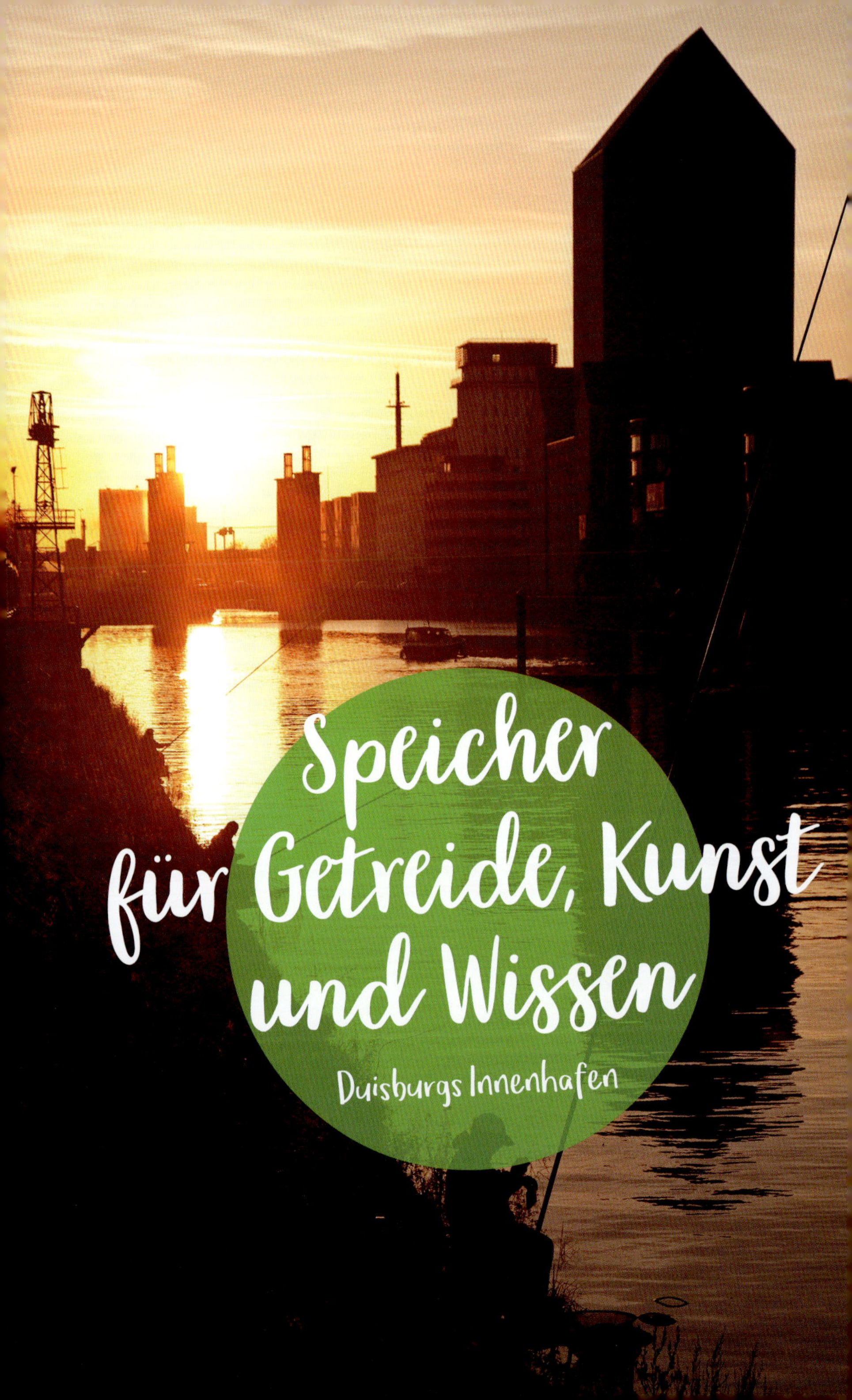

Speicher für Getreide, Kunst und Wissen

Duisburgs Innenhafen

Industrie benötigt nicht nur Produktion, sondern auch Logistik: Die schafft Rohstoffe heran, transportiert Erzeugnisse zur Kundschaft und Verpflegung zur Belegschaft. So war es folgerichtig, dass am Produktions-Großstandort Ruhrgebiet mit seiner geografisch vorteilhaften Lage eine starke Logistikbranche entstand. Heute tauchen wir ein in die Geschichte von Transport und Lagerhaltung – diese Tour ist eher ein Stadtspaziergang als eine zünftige Wanderung, aber voller informativer Eindrücke vom Brotkorb des Reviers und seiner mittelalterlichen Vergangenheit.

Tour 3

1:35 Std.

5,2 km

Start/Ziel: Archäologische Zone zwischen Schwanentor und Rathaus, Parken am Parkplatz vor dem Rathaus (gebührenpflichtig), Navi: Alter Markt 23, 47051 Duisburg

Anreise mit ÖPNV: Busse 929 und 933 bis Haltestelle Schwanentor

Wegbeschaffenheit: überwiegend Asphalt, etwas Schotter, keine Steigungen, wegen der vielen Bauten mit Unterstellmöglichkeiten als Schlechtwettertour geeignet

Besonderheit: Von der Schwanentorbrücke bieten sich Abstecher nach Nordwesten an in den größten Binnenhafen Europas: Ruhrort.

Wegbeschreibung:

Unsere Tour startet tausend Jahre vor unserer Zeit. Duisburgs Lage an der Ruhrmündung in den Rhein war Fluch und Segen. Die Flüsse waren strategische Verkehrswege, lockten aber auch die Wikinger an. Der Rhein verlagerte sich von der Stadt weg, und im Hochmittelalter war's vorbei mit Königssitz und Stadtfreiheit. Der heutige Innenhafen entstand im 19. Jahrhundert aus einem alten Rheinarm, den ein neuer Kanal 1832 wieder an den Strom anschloss.
Die archäologische Zone gibt uns einen ersten Eindruck vom Duisburg des Mittelalters. Darüber erhebt sich wie ein Geist der weiße Umriss der längst verschwundenen Markthallen. Weite Teile der Duisburger Altstadt gingen in einer Bombennacht im Mai 1943 unter. Doch zwei der stadtbildprägenden Altbauten wurden gerettet.

Am Weg

Salvatorkirche und Rathaus

Die altehrwürdige Salvatorkirche geht auf das Jahr 1316 zurück, Vorgängerbauten waren noch viel älter. Das Mauerwerk der gotischen Basilika besteht aus hellgrauem Tuffstein. Das Dach ist mit dunklem Schiefer gedeckt, düster wirkt der geschwärzte Turm, sein Helm stürzte 1943 brennend herab.

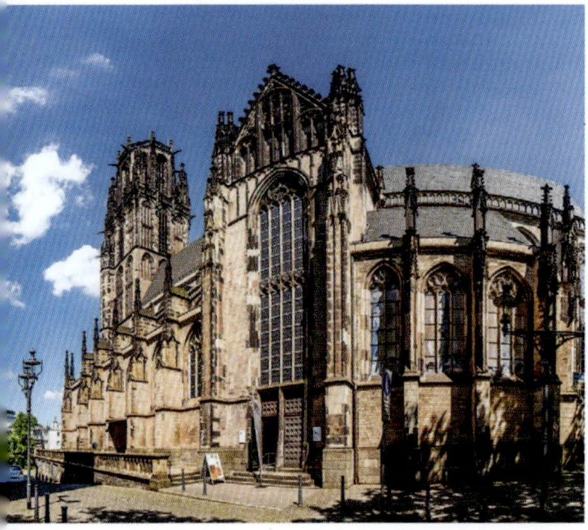

Der weltliche Gegenpol zur Kirche steht gleich nebenan, auch er strebt mit einem Turm nach oben, ist aber viel jünger: Das Rathaus im Stil des Historismus wurde 1902 fertiggestellt. Ein Brunnen erinnert an den Kartografen Gerhard Mercator (s. Abstecher). Der Burgplatz, die Keimzelle der Stadt, ist heute ein Parkplatz – bezeichnend für einen noch immer nicht überwundenen Umgang mit dem historischen Erbe.

Abstecher

Kultur- und stadthistorisches Museum

Zwischen Salvatorkirche und Garten der Erinnerung liegt das Kultur- und stadthistorische Museum. Der ehemalige Getreidespeicher ist heute ein Wissensspeicher. Sein Highlight ist die Mercator-Schatzkammer. Gerhard Mercator, begraben in der Salvatorkirche, war Kartograf und Geograf. Ihm verdanken wir eine noch heute genutzte Technik, die Kugelform der Erde auf zweidimensionale Karten zu übertragen. Andere Räume des Museums erzählen die Geschichte von Stadt, Hafen und Industrie. Vor dem Gebäude symbolisieren eine Seilscheibe, ein Gießwagen und Kokillen Duisburgs Tradition als Bergbau- und Stahlstandort.

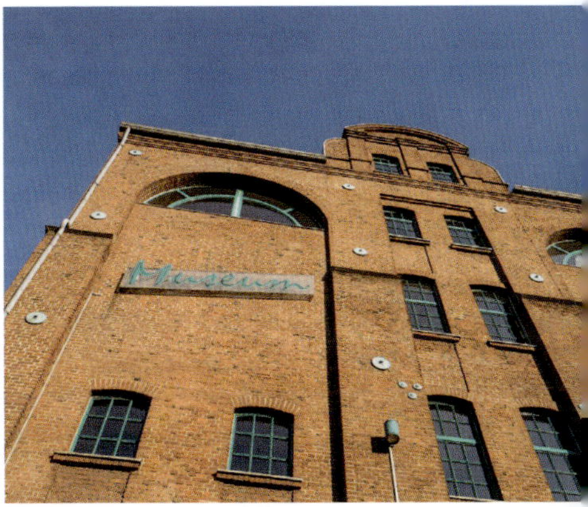

www.stadtmuseum-duisburg.de

Jetzt bewegen wir uns entlang mittelalterlicher Bauwerke Richtung Postmoderne. Wir überqueren die laute Poststraße Richtung Osten und folgen der Gutenbergstraße bis zu einem ersten Überbleibsel der mittelalterlichen Stadtbefestigung, dem Schäferturm.
Dort biegen wir nach Norden in den Rabbiner-Neumark-Weg und folgen seiner Verlängerung Am Alten Wehrgang. Die Straße heißt so, weil sie entlang der Stadtmauer führt. Etwa ein Drittel dieser steinernen Erinnerung an das 12. bis 15. Jahrhundert blieb erhalten.
An der Ecke des Wehrgangs steht die Ruine des Koblenzer Wehrturms. Um 1220 errichtet, war er ein Orientierungspunkt für die Rheinschifffahrt. Wir gehen durch die Lücke in der Stadtmauer und erreichen unser erstes Hauptziel.

Am Weg

Garten der Erinnerung

Diese Gegend wurde vom Strukturwandel so gründlich umgekrempelt, dass manche Alteingesessene mit ihr fremdeln. Architektur- und Kunstfreunde dagegen reisen von weither an. Denn wo früher heruntergekommene Altbauten die Schimanski-Kulisse bildeten, legte die Stadt in den 1990er Jahren den Innenhafen in seiner heutigen Gestalt an. Den Streifen zwischen Hafenbecken und Stadtmauer gestaltete der israelische Bildhauer Dani Karavan zum begehbaren Kunstwerk, einem „Garten der Erinnerung" an vergangene Nutzung.

Jahrhundertelang wurden hier per Schiff gelieferte Waren umgeschlagen und gelagert. Die „Spar"-Zentrale belieferte 500 Händler in ganz NRW, dann wurden die Hallen aufgegeben und bei Errichtung des neuen Stadtquartiers abgerissen. Karavan sorgte im Zuge der Internationalen Bauausstellung IBA Emscher Park dafür, dass Reste stehen blieben und zu Elementen des Parks wurden.

Eingerahmt von Wasser und Grün, ragen die Treppentürme der „Spar"-Zentrale und der Transportfirma Ludwig empor. Einen Turm können Sie im Rahmen von Kunstveranstaltungen besteigen. Das Dach des anderen wurde mit Bergkiefern bepflanzt. Weiß wie die Treppentürme sind die Betonbänder gehalten, die die Grundrisse verschwundener Logistikgebäude nachzeichnen. Die Hauptwege bestehen aus Schutt der Abbruchhäuser.

Karavan türmte Trümmer zu einem chaotischen Steingarten auf. Gitterförmige Reste der Tragkonstruktion einer Lagerhalle krönen eine Pfeilerreihe. Die Überbleibsel der Firma Ludwig bilden eine Plattform, auf der Konzerte stattfinden und Tango-Gruppen üben. Davor sind Sonnenblumen und Weizen gesät zur Erinnerung an den Getreide-Umschlagplatz.

Die Bepflanzung steht in diesem Park nicht im Mittelpunkt, sie setzt Akzente vor den Erinnerungsstücken. Ein Spielplatz und Sitzbänke sorgen für Entspannung.

Dealer und Vandalen meiden den Park. Denn rund um die Uhr schützt Polizei das angrenzende jüdische Gemeindezentrum vor Anschlägen. Die attraktive Architektur können Sie nur von außen besichtigen: Wie Hafenkräne ragen fünf Sichtbetonbögen in den Park.

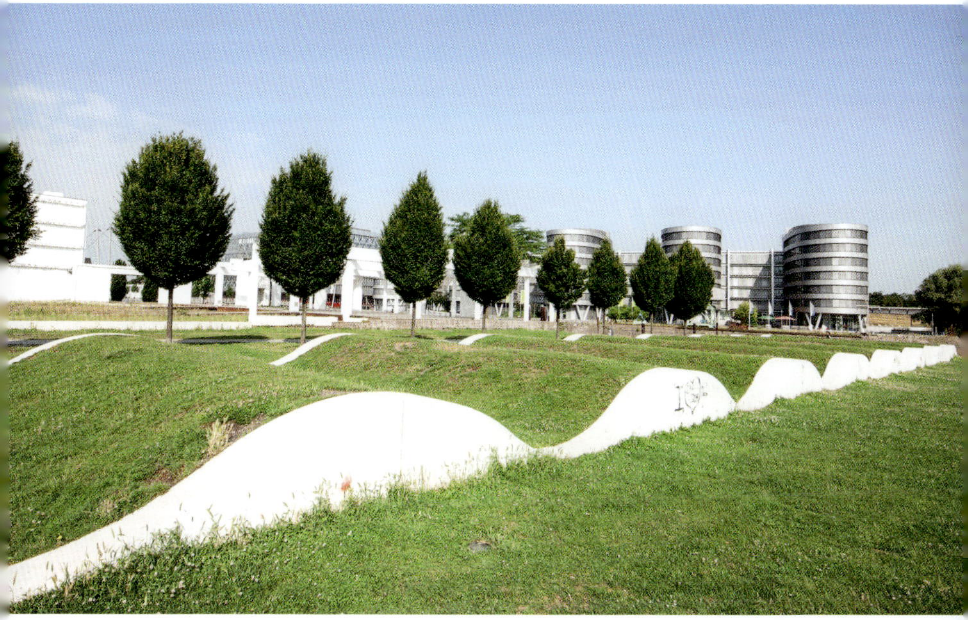

Skaten ist erlaubt auf den Betonwellen des Parks. Im Hintergrund: die Five Boats.

Nach einer Runde durch den Park folgen wir dem Hafenbecken nach Osten. Wir passieren markante Hafengebäude und Kräne, queren Grachten und erreichen vor der A59 zwei gewaltige Speicherbauten: zunächst die ehemalige Werhahnmühle mit Gastronomie und Büros, dann die Küppersmühle. Sie stammen aus Wilhelminischer Zeit, als Duisburgs Innenhafen dank der günstigen Verkehrsanbindung für 30 Getreidehandlungen mit ihren Lagerhäusern und jährlich einer Million Tonnen Warenumschlag der „Brotkorb des Ruhrgebiets“ war.

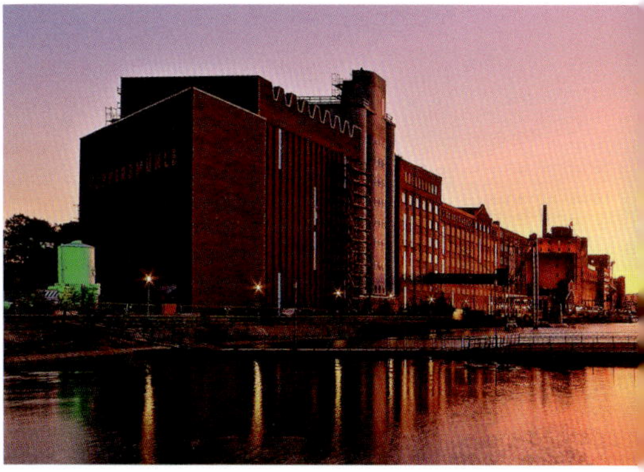

Die Bauten der Küppersmühle füllt heute ein Museum mit Kunst und Leben.

Am Weg

Museum Küppersmühle für Moderne Kunst

An der Stelle einer älteren Mühle steht seit 1908 der jetzige Gebäudekomplex. Er setzt sich zusammen aus dem teilweise achtstöckigen eigentlichen Mühlengebäude, einem Mehlmagazin, einem Maschinenhaus, einem Kesselhaus mit Schornstein und aus stählernen Silo-Türmen.
Der Mahlbetrieb endete 1972. Die Anlagen vergammelten, wurden aber 1993 unter Denkmalschutz gestellt.
Im Rahmen der IBA erstellte der britische Architekt Sir Norman Foster einen Masterplan, um die Industriebrache rund um die Mühle wiederzubeleben. Es entstand das heutige Quartier mit seiner Mischung aus Büros und Wohnungen am Wasser, Gastronomie, Kultur- und Freizeitangeboten. Statt Getreide wird in der Küppersmühle seit 1999 Kultur aufbewahrt. Das MKM Museum Küppersmühle für Moderne Kunst zeigt eine der bundesweit umfassendsten Privatsammlungen von Nachkriegswerken. Die strukturell weitgehend erhaltene Bausubstanz ist ebenso sehenswert wie die Exponate. Zur Autobahn hin wurden 2021 ein Erweiterungsbau und ein Platz mit Platanen angefügt. An der Wasserkante stehen alte Verladerampen und Kräne, im Wasser liegt ein Kunst-Unterseeboot. https://museum-kueppersmuehle.de

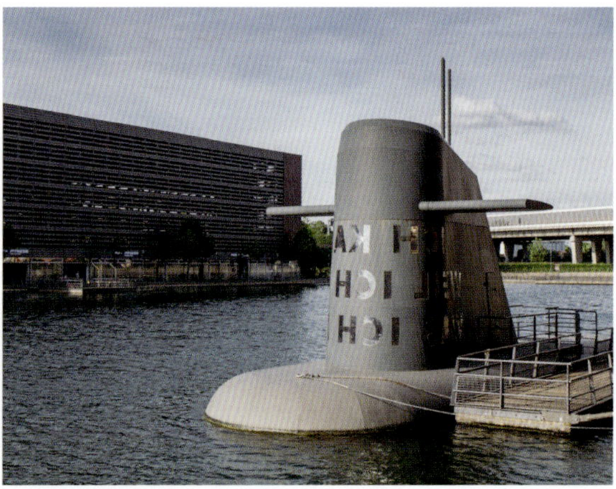

Das „Kunst-U-Boot“ gehört seit 2013 als „Außenposten“ zur ständigen Sammlung des MKM.

Wir wandern gegen den Uhrzeigersinn um das Hafenbecken herum. Von den modernen Bürogebäuden am Nordufer haben Sie einen guten Blick über die Gebäude im Süden, an denen wir zuvor entlanggegangen sind. Über den Portsmouth-Damm, der den Innenhafen in zwei Becken teilt, kehren wir zurück ans Südufer.

Wir folgen dem Ufer am Garten der Erinnerung bis zur Buckelbrücke. Die erste höhenverstellbare Hängebrücke der Welt kann um neun Meter hydraulisch hochgebuckelt werden, um Schiffen die Durchfahrt zu ermöglichen.

Unter den postmodernen Bürogebäuden am Nordufer fallen besonders die Five Boats östlich der Brücke auf, ein Komplex in Form von fünf Schiffen, in dem man mit Blick auf den Yachthafen Marina Duisburg arbeitet. Falls Sie jetzt Lust bekommen auf eine Bootstour: Die Hafenrundfahrten starten am Schwanentor, zu dem wir bald gelangen.

Die Buckelbrücke überqueren wir nach Norden und laufen nach links bis zu Deutschlands größtem Archivgebäude: Einem Speicher aus den 1930er Jahren wurde ein 76 Meter hoher Archivturm aufgesetzt, drin ist viel Platz für die 148 Regalkilometer des Landesarchivs NRW.

Über die nächstgelegene Brücke (Schwanentor) oder die übernächste (Marientor) kehren wir auf das Südufer zurück und über die Schwanenstraße zu unserem Ausgangspunkt.

Gastronomie

Restaurant Küppersmühle
Fine Dining mit Aussicht: Das Gourmetrestaurant interpretiert regionale Gerichte modern und schlank.
https://kueppersmuehle-restaurant.de

König Pilsener Wirtshaus
Am Nordufer des Innenhafens: Brauhausküche, neben „KöPi“ weitere lokale und internationale Biere.
https://www.koenig-pilsener-wirtshaus-duisburg.de

Faktorei
Das dienstälteste Restaurant am Innenhafen (seit 2001) spezialisiert sich nun auf Burger und Steaks. Sitzplätze direkt am Wasser.
www.faktorei.de

Tour 3

- Startpunkt
- Zielpunkt
- Haltestelle
- Parkplatz
- Gastronomie
- Kunstobjekt
- Industriekultur
- Sehenswürdigkeit
- Kulturstätte
- Fotospot

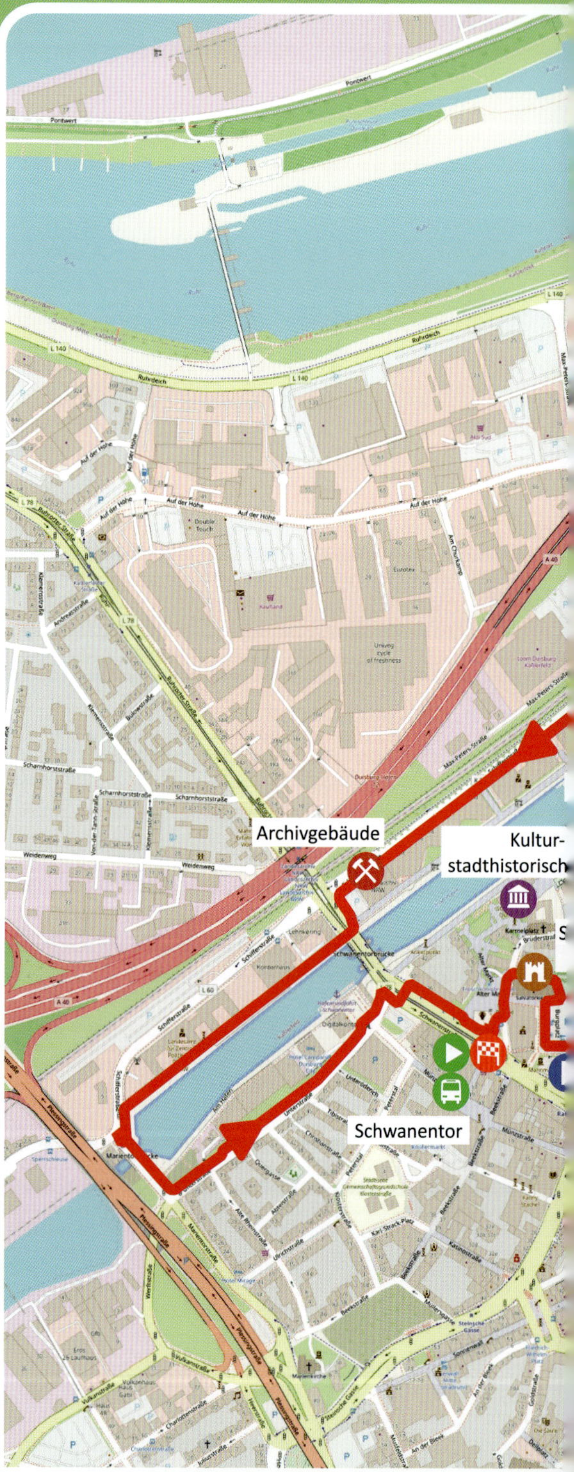

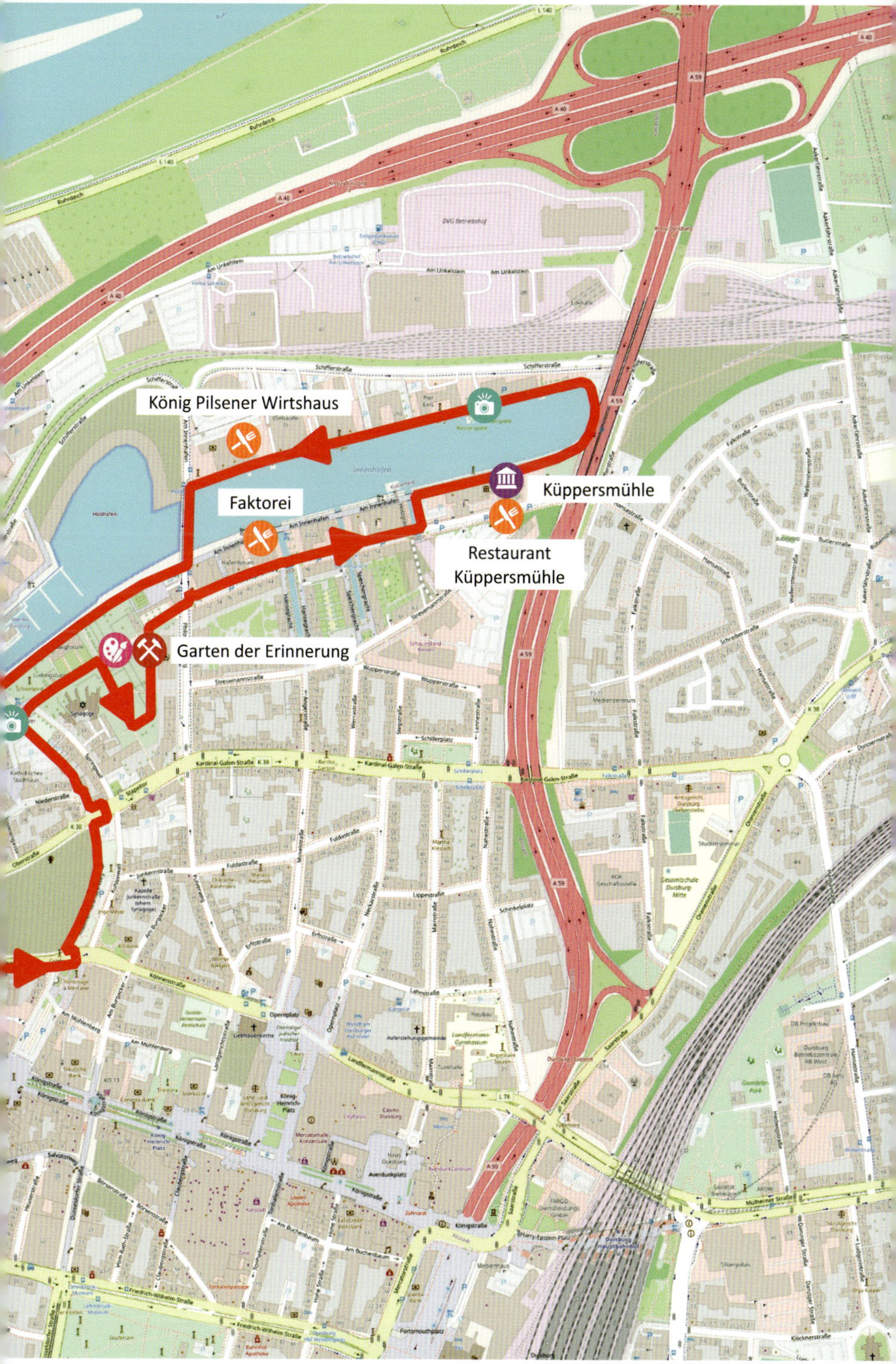

König Pilsener Wirtshaus
Faktorei
Küppersmühle
Restaurant Küppersmühle
Garten der Erinnerung

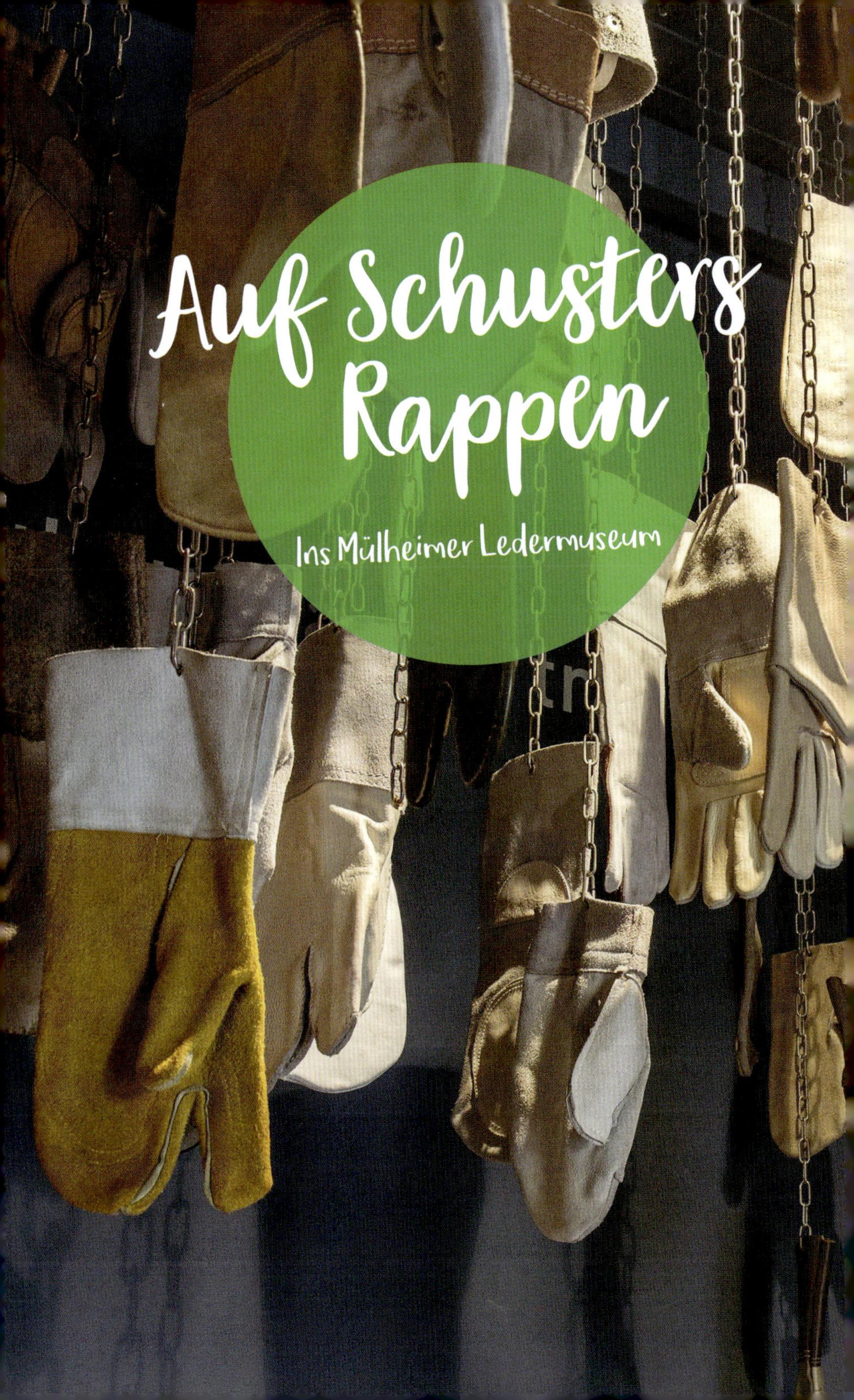
Auf Schusters Rappen
Ins Mülheimer Ledermuseum

Sind Ihre Wanderschuhe aus Leder? Deutschlands Lederstadt Nummer 1 war 1924 Mülheim: Mehr als 50 Fabriken prägten die Stadt. Entlang von Düsseldorfer Straße und Kassenberg sind aus dieser Ära beeindruckende Gebäude erhalten, in einem davon befindet sich das Leder- und Gerbermuseum. Unsere Wanderung führt von dort zu anderen Bauten der Mülheimer Industriegeschichte entlang beider Ruhrufer. Thematisch passende Abstecher bieten sich in fast alle Himmelsrichtungen an.

Tour 4

2:44 Std.

8,8 km

Start/Ziel: Leder- und Gerbermuseum, Düsseldorfer Straße 269, 45481 Mülheim an der Ruhr, Parken entlang von Kassenberg/Düsseldorfer Straße

Anreise mit ÖPNV: Buslinie 133 bis Haltestelle Lindgens

Wegbeschaffenheit: überwiegend befestigte Wege, Mix aus Stadt und Natur

Abkürzungsmöglichkeit: Ohne den Abstecher nach Saarn ist die Tour 1:49 Std. / 5,85 km kurz.

Wegbeschreibung: Mülheim war ein idealer Standort für die Lederherstellung: Ringsum gab es genug Rinder. Eichenwälder lieferten die Rinde, mit deren Hilfe die Häute zu Leder gegerbt wurden. Das dafür erforderliche Wasser lieferten Bäche, nicht die Ruhr: Bis zur Regulierung des Flusses drohten dort Überflutungen, so dass den Gerbern buchstäblich die Felle davonschwammen.

Die Industrialisierung ließ die Nachfrage ab Mitte des 19. Jahrhunderts stark ansteigen. Treibriemen für Maschinen, Schutzkleidung für Arbeiter in Berg- und Stahlwerken wurden in großen Mengen benötigt. Zugleich gab es Leute, die sich hochwertige Möbelbezüge, Tapeten und Reisetaschen aus feinem Leder leisten konnten. Anfang des 20. Jahrhunderts gehörte die Lederindustrie zu den größten Industriebranchen Deutschlands.

In Mülheim siedelten sich auf relativ hochwassersicherem Gelände entlang des Kassenbergs und der heutigen Düsseldorfer Straße Lederfabriken an. In schneller Folge entstanden Fabrikbauten und Arbeiterwohnungen, hergestellt wurden nun auch Polsterleder für die Eisenbahn, Automobilverdecke und für die Weltkriege enorm viel Militärausrüstung.

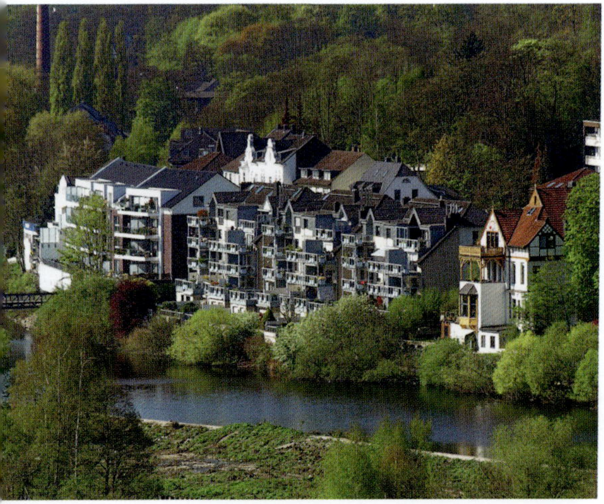

Lederfabrikantenvilla Abel (rechts im Bild)

Bis heute stehen hier Lederfabriken. Sie sind längst stillgelegt. Die globalisierten Märkte sorgten dafür, dass anderswo zwar schmutziger, aber billiger gearbeitet werden konnte. Über die Geschichte der Mülheimer Lederherstellung informiert seit 2003 das Leder- und Gerbermuseum in den denkmalgeschützten Bauten der ehemaligen Fabrik Abel.

Am Weg

Leder- und Gerbermuseum

Das Unternehmen Abel bestand von 1864 bis 1968. Das große Backsteinensemble wurde vor dem Abriss bewahrt. Ein Restaurant, zeitweilig ein Hotelbetrieb und das Museum zogen ein. Das Besondere ist, dass nicht nur die Außenhülle des Komplexes erhalten blieb, sondern das moderne Museum mit typischen Materialien der Lederfabrikation eingebaut wurde: Eichenholz, Stahl und natürlich viel Leder sind hier nicht nur zu sehen, sondern dürfen auch angefasst und beschnuppert werden.
www.leder-und-gerbermuseum.de

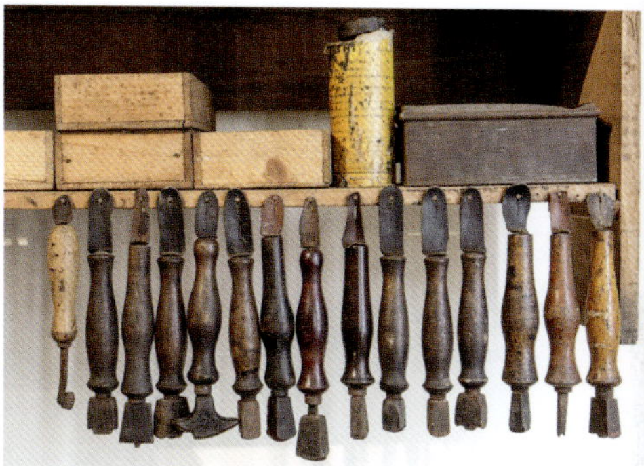

Originalwerkzeuge zur Lederbearbeitung

Schräg gegenüber vom Museum liegen die ebenfalls traditionsreichen Lederwerke Lindgens. Hiervon wurde die aus den 1870er Jahren stammende Bausubstanz des Verwaltungsgebäudes und des Heizhauses samt Schornstein gerettet; die künftige Nutzung ist ungeklärt. Zwischen diese Denkmäler und das Ruhrufer sollen Blocks mit hunderten Wohnungen gesetzt werden.
Vom Museumsausgang aus nach links gehen wir auf der Düsseldorfer Straße bis zur ersten Einmündung und biegen in den Heuweg ab. Gleich rechts eröffnet sich der Zugang zu einem kombinierten Rad- / Fußweg. Ihm folgen wir nach rechts.
Von der erhöhten Trasse aus blicken wir herab auf die Lindgens-Gebäude. Nach einer Weile kommen die Hochhäuser und Kirchtürme der Mülheimer City in den Blick. Wir aber folgen dem schattigen Weg zwischen Steinbruch, Blätterdach und Bruchsteinmauern.

Der Steinbruch mit seinen Teichen und verfallenden Gebäuden ist zugangs- und sichtgeschützt abgesperrt, ein Lost Place in bester Lage. Dafür bieten Schautafeln Wissenswertes, denn wir befinden uns hier auf dem Fossilienweg, einem Lehrpfad über Geologie. Weiter geradeaus geht es in den Vorsterweg, am Spielplatz vorbei. Von der Fußgängerbrücke bietet sich eine gute Aussicht auf die wehrhaften Mauern von Schloss Broich. Wir halten uns halblinks in das MüGa-Gelände.

Am Weg

MüGa-Park

MüGa, so hieß die Mülheimer Gartenschau, die NRW-Landesgartenschau 1992. Um diesen bleibenden Park zu gestalten, musste eine Fläche von mehr als 60 Hektar umgekrempelt werden. Zuvor schaute man von Mülheims Innenstadt auf Industriebrachen, einen Schrottplatz und ein ungepflegtes Bahngelände.
Heute picknicken hier Familien auf hundefreien Rasenflächen, flanieren Paare zwischen Pflanzungen, erinnern eine alte Schwengelpumpe und zwei Teilstücke der Berliner Mauer an schlechte alte Zeiten. Markant ist der erhaltene Ringlokschuppen, dessen 1918 entstandene Form unter Denkmalschutz steht und der heute eine renommierte Spielstätte der freien Kulturszene beherbergt. Die Drehscheibe, die ursprünglich Dampfloks bewegte, wurde zur Freilichtbühne.

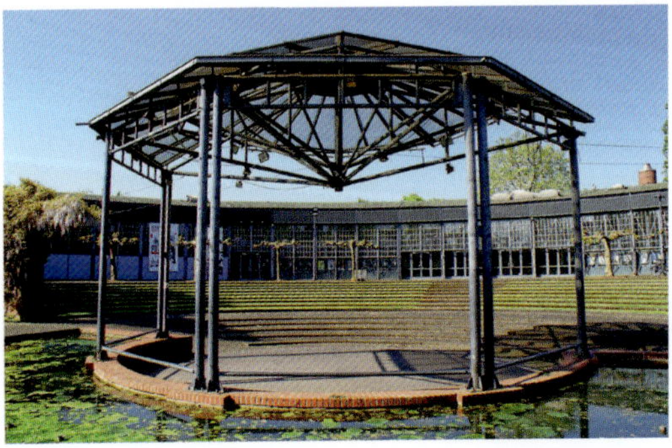

Wir gehen diskret zwischen dem Lokschuppen und seinem Biergarten hindurch und biegen an der Gebäudeecke links ab. Jetzt laufen wir auf ein weiteres MüGa-Highlight zu: den Wasserturm von 1904.

Am Weg

Wasserturm

Er versorgt nicht mehr Lokomotiven mit 600.000 Litern Wasser, sondern Neugierige mit Wissen: Heute ist im Turm ein Museum zur Vorgeschichte des Films untergebracht mit der größten Camera Obscura der Welt.
www.camera-obscura-muelheim.de

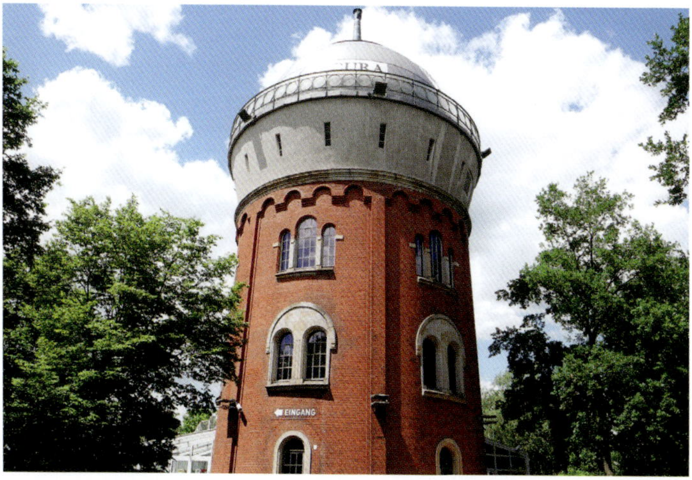

Wir nehmen den Blauregen-Laubengang und passieren zwölf gusseiserne Säulen, die einst eine Bahnbrücke trugen und nun eine im Wasser scheinbar schwimmende Granitkugel umstehen. Richtung Osten erreichen wir die Schlossbrücke.
Die Brücke überqueren wir nicht bei der Stadthalle, sondern auf der südlichen Seite, also am historischen Hauptverwaltungsgebäude der Rheinisch-Westfälischen Wasserwerksgesellschaft. Am anderen Ufer geht es eine Treppe hinab zur Ruhruferpromenade. Ihr folgen wir

nach Süden, vorbei an dem tollen neuen Spielplatz Auf dem Dudel, und erreichen die Ruhrschleuse.

Am Weg

Ruhrschleuse und Schleuseninsel

Dieses technische Denkmal ist Teil der Ruhrregulierung: Friedrich der Große ließ 16 Schleusen errichten, damit eine lange Teilstrecke des Flusses durchgängig schiffbar wurde. Die Schleuseninsel ist Mülheims Wasserbahnhof, hier legen die Ausflugsschiffe der Weißen Flotte an. Haus Ruhrnatur auf der Insel ist ein Erlebnismuseum, in dem nicht nur Kinder viel über den Lebensraum Wasser lernen können.
www.haus-ruhrnatur.de

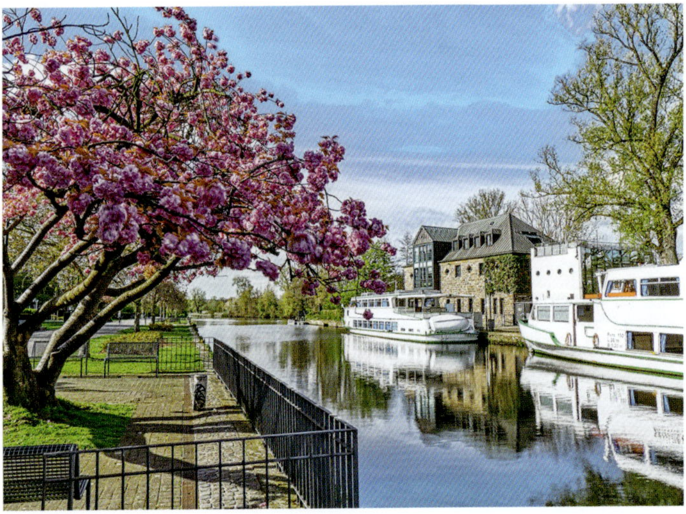

Auf dem gegenüberliegenden Ufer rauscht die Broicher Schlagd, eine künstliche Fallstufe der Ruhr. Dahinter sehen wir die Villen von Mülheims Lederfabrikanten am Kassenberg – die mit dem vorgesetzten Fachwerk gehörte der Familie Abel. Sie wird von den Neubauten ringsum optisch völlig erdrückt. Am Wasserkraftwerk Kahlenberg

(1924) könnten wir den Fluss auf einer Fußgängerbrücke überqueren. Wir aber bleiben am östlichen Ruhrufer und folgen der Ruhrpromenade, denn dort gibt es eine weitere Fabrikantenvilla zu entdecken.

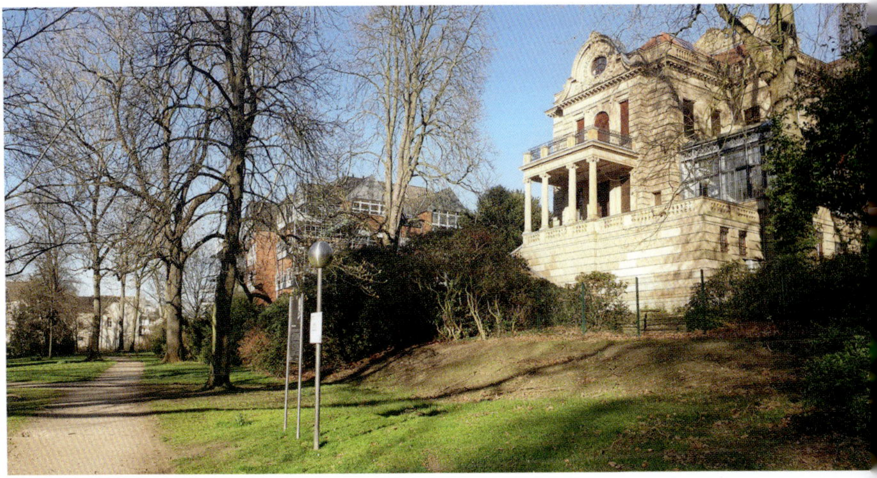

Am Weg

Park und Villa Thyssen

Parallel zur Ruhr tut sich links der „Thyssen-Teich" auf. Er gehörte ursprünglich zur Textilfabrik Troost, deren letztes Gebäude mit der unersetzlichen Fassade im Tudorstil 2023 abgerissen wurden. Zwischen dem Teich und der Innenstadt liegen der Park und die 1900 fertiggestellte neobarocke Villa von Josef Thyssen, dem Bruder und engsten Mitarbeiter des Stahlbarons August Thyssen. Die Grünanlage ist zugänglich, die Villa nicht.

Wir folgen dem Ruhrufer südwärts zum Kahlenbergwehr. Das ist das Stauwehr, an dem das Ruhrhochwasser 2021 spektakulär das Ausflugsschiff „Moornixe" versenkte. Hier kehren wir aufs westliche Ruhrufer zurück und tauchen in den Weichholzauenwald der Saarn-Mendener Ruhraue ein. Richtung Nordwesten können wir von hier aus zum

Ausgangspunkt zurückspazieren. Oder wir machen einen langen Abstecher nach Süden: Durch das Naturschutzgebiet erreichen wir den Stadtteil Saarn mit dem ehemaligen Zisterzienserinnen-Kloster.

Abstecher

Kloster Saarn

Das uralte Kloster hat auch eine industriegeschichtliche Vergangenheit als zeitweilige Gewehr- und Tapetenfabrik. Den Abstecher lohnenswert macht nicht nur die historische Architektur: Hier finden regelmäßig Konzerte statt, es gibt ein modernes Museum mit Café, einen Kräutergarten, den Mühlenteich und nebenan die Saarner Altstadt. Die schönen Ruhrauen können Sie genießen, einerlei ob Sie östlich oder westlich der Mintarder Straße entlanglaufen oder sich noch einen anderen Weg weit nach Osten ausholend am Ruhrufer entlang suchen.
www.kloster-saarn.com

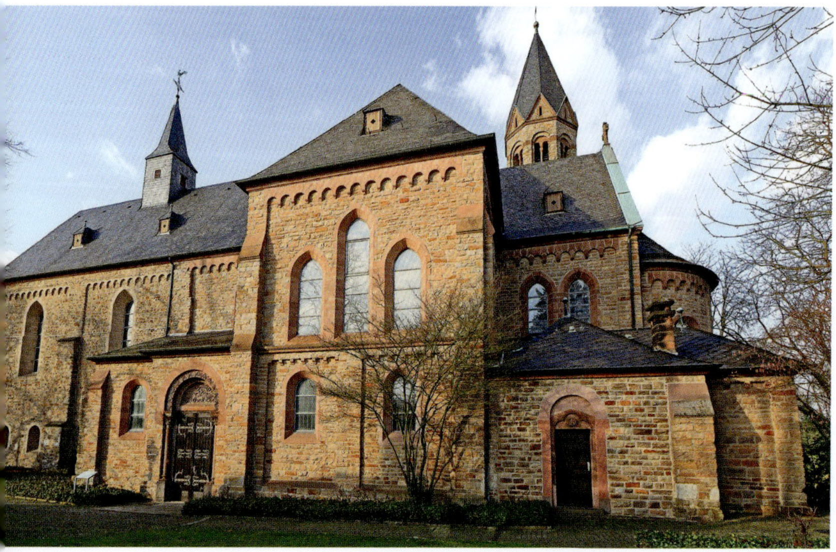

In der Klosterkirche Saarn finden regelmäßig Konzerte statt.

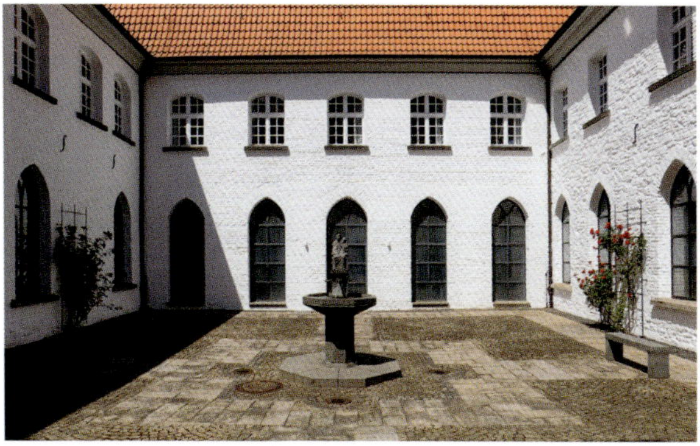

Die Klostergebäude strahlen Stille aus.

Tipp

Lederfabrik Hammann

Das Gebäude einer weiteren Lederfabrik hat sich in Mülheim-Speldorf erhalten. Bis 2008 produzierte das Unternehmen Hammann an der Hansastraße 19a-23. In dem denkmalgeschützten Backsteinbau ist heute eine Senioren-Wohnanlage untergebracht, das angeschlossene öffentliche Café befindet sich im historischen Heizhaus. Der Standort liegt etwa eine Stunde Fußweg westlich unserer Tour.
https://www.senioren-park.de/Mülheim

Gastronomie

Trattoria Mario
Gediegenes italienisches Lokal in der ehemaligen Lederfabrik Lindgens, Tagesangebote, Pasta auch als kleine Portion.
www.trattoria-mario.de

Restaurant Ronja
Direkt am Ringlokschuppen: fleischlose Speisen im mediterranen Stil, wechselnde Wochenkarte mit saisonalem Gemüse.
www.restaurant-ronja.de

Fair1-Heim
Café, Pizzeria, Superfood-Bowls, Vollwertkost, „frisch, saisonal, regional, 100% bio“ und ausgesprochen lässig-charmant.
https://fair1-heim.de

Tour 4

Startpunkt

Zielpunkt

Haltestelle

Parkplatz

Gastronomie

familienfreundlich

Industriekultur

Kulturstätte

Naturerlebnis

Fotospot

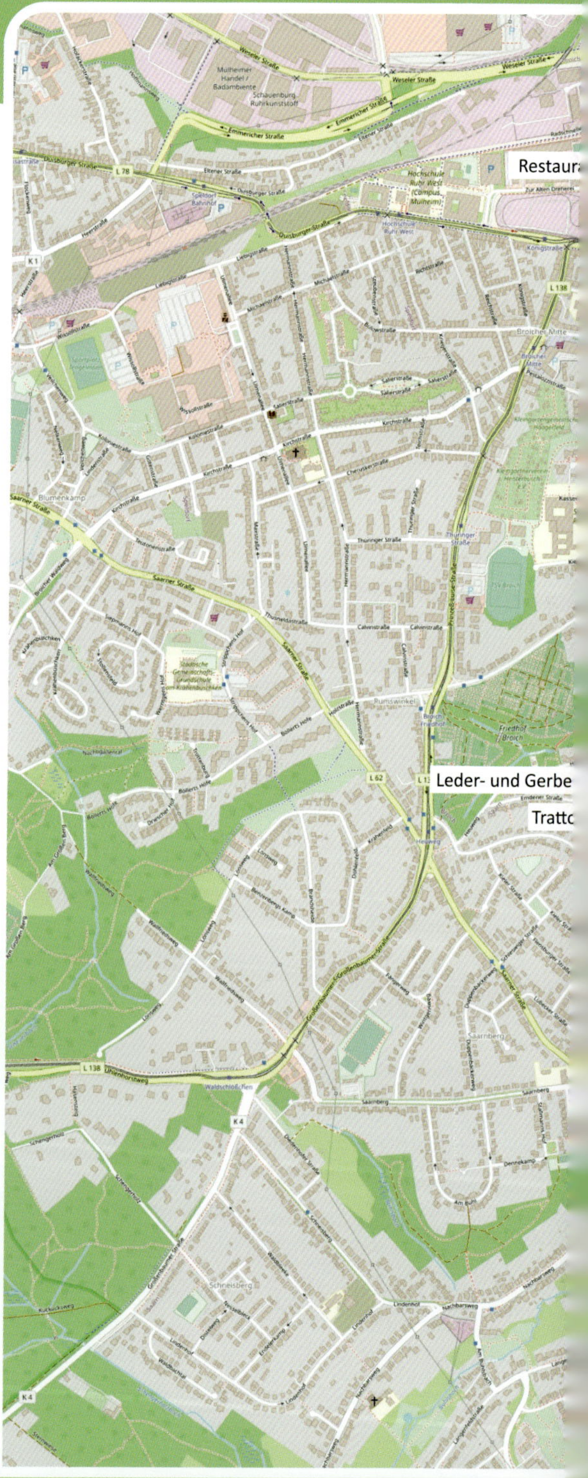

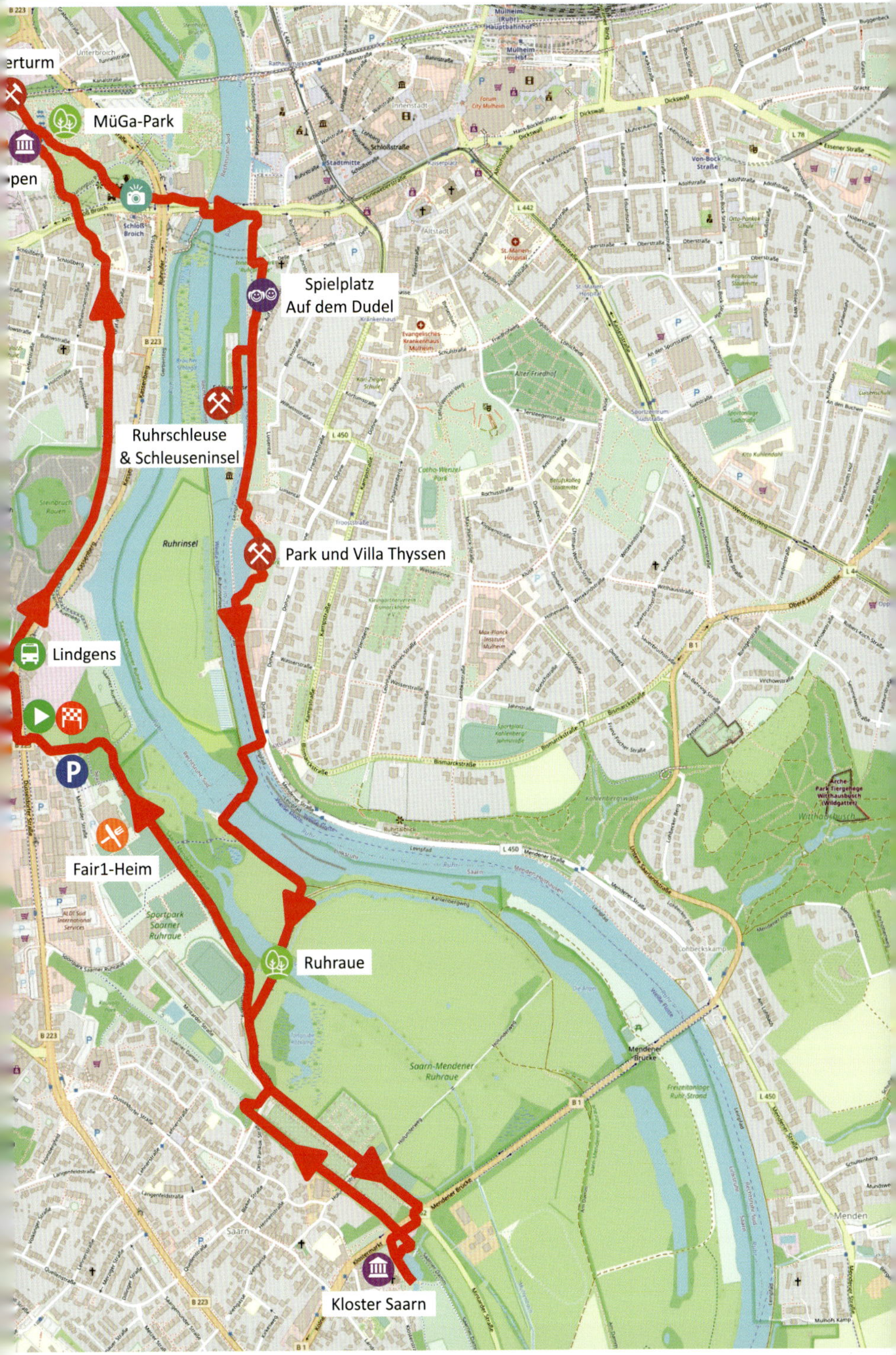
MüGa-Park
Spielplatz
Auf dem Dudel
Ruhrschleuse
& Schleuseninsel
Park und Villa Thyssen
Lindgens
Fair1-Heim
Ruhraue
Kloster Saarn

Alte Steine, neue Mitte

Die Wiege der Ruhrindustrie rund um den Gasometer Oberhausen

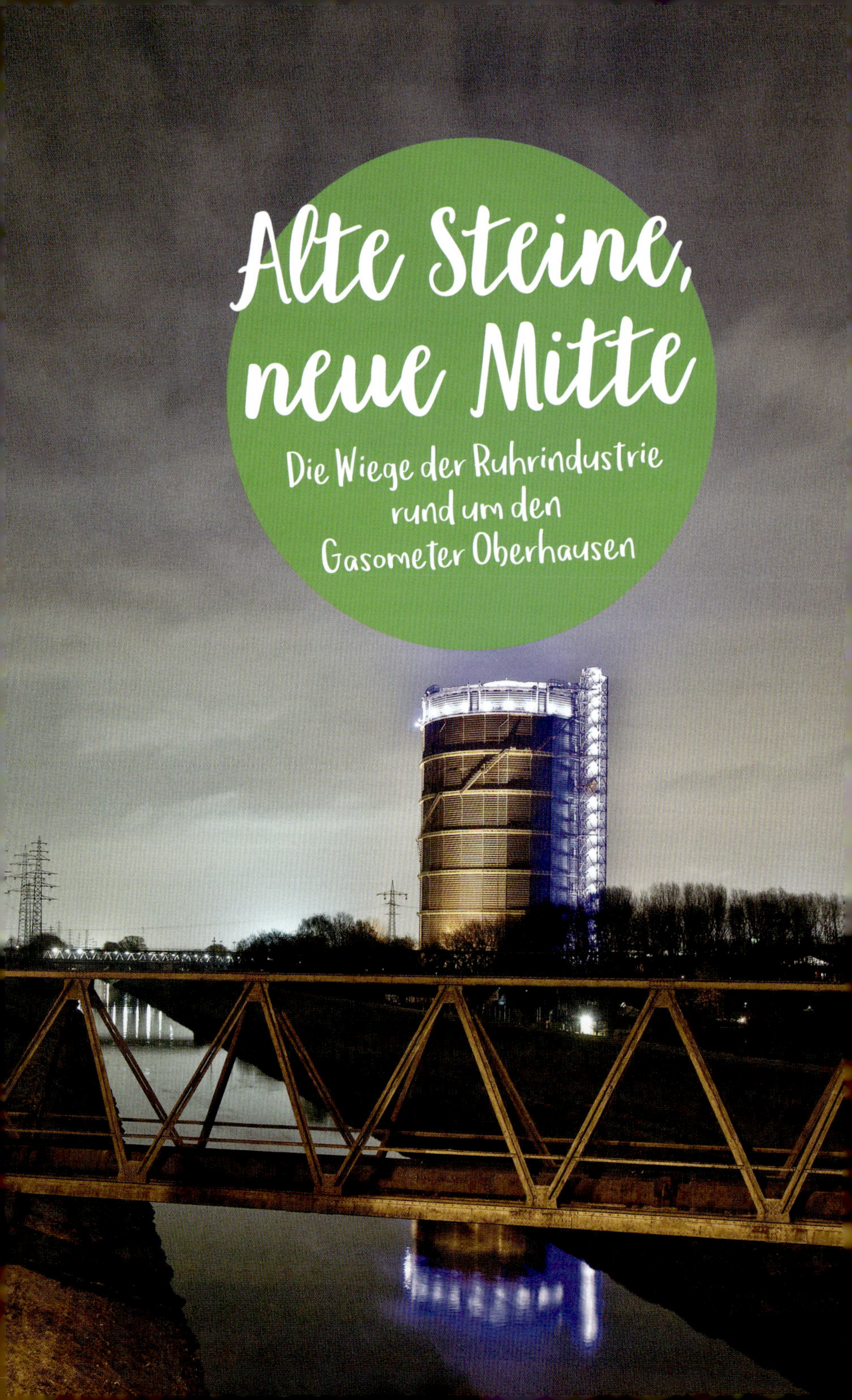

Die industrielle Eisenverarbeitung im Ruhrgebiet nahm ihren Anfang in der St.-Anthony-Hütte, die später in der Gutehoffnungshütte aufging. Heute stehen auf deren riesigem Gelände Neubauten wie das Einkaufszentrum Centro, ein Großaquarium und eine Konzertarena, doch blieben sehenswerte Industriegebäude erhalten. Wir begeben uns auf Spurensuche – und danach durch Industrienatur auf die vielleicht schmalste Insel Nordrhein-Westfalens.

Tour 5

3:15 Std.

10,3 km

Start/Ziel: Parkplatz am Gasometer Oberhausen, Navi-Eingabe Arenastraße 11, 46047 Oberhausen, tausende Parkplätze ringsum

Anreise mit ÖPNV: Von Oberhausen Hbf mit jedem Bus oder jeder Bahn ab Terminal 1 bis zur Haltestelle Neue Mitte, von dort Fußweg zum Gasometer.

Wegbeschaffenheit: überwiegend Asphaltwege, Halde und Kaisergarten gepflasterte und geschotterte Wege, nennenswerte Steigung nur an der Knappenhalde

Besonderheiten: Zwei Erweiterungen möglich: nach Vondern zur Verkaufsanstalt, zur Zeche Osterfeld und dem Olga-Park.

Wegbeschreibung: Wir starten unsere Rundtour am Gasometer. Unterwegs werden wir ihn aus unterschiedlichen Entfernungen und Perspektiven zu sehen bekommen.

Am Weg

Gasometer

Der Gasspeicher der Gutehoffnungshütte (GHH) war schon zur Sprengung vorgesehen, da retteten ihn Denkmalschützer und die Internationale Bauausstellung IBA Emscher Park. So blieb dem Ruhrgebiet ein Wahrzeichen erhalten. Der 1929 fertiggestellte Stahlzylinder ragt 117 Meter hoch unübersehbar auf. Weit übers Land reicht der Blick von der heutigen Aussichtsplattform, und der Innenraum ist eine kathedralenhohe Sensation. Entsprechend eindrucksvoll sind die Ausstellungen, die seit 1994 Millionen Besucher hineinlocken, sie zeigen hochkarätige Kunstwerke und die Zerbrechlichkeit der Erde.
www.gasometer.de

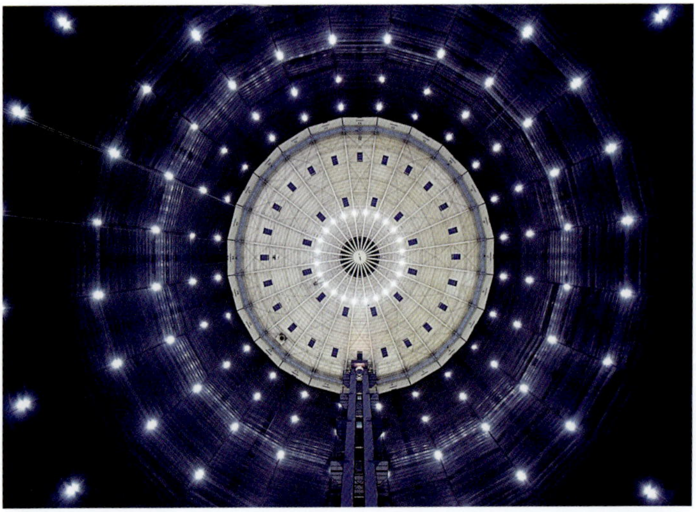

Das erste Drittel der Tour führt durch das weitläufige Gelände des ehemaligen Hüttenwerks, die heutige Neue Mitte Oberhausen. Wir lassen das Centro und die Konzertarena links liegen und gehen auf der Arenastraße und der Straße Alte Walz nach Süden. Schon sehen wir die Rückseite des Hauptlagerhauses der GHH.

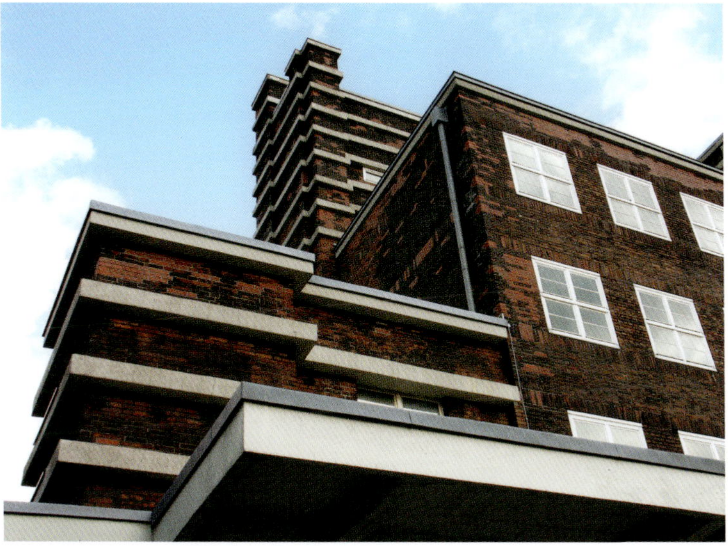

Die markante Architektur des Hauptlagerhauses, auch Behrens-Bau genannt

Am Weg

Hauptlagerhaus

Der 25 Meter hohe Stahlskelett-Ziegelbau wurde 1921 von dem berühmten Industriearchitektur-Pionier Peter Behrens entworfen nach sowohl ästhetischen wie funktionalen Gesichtspunkten. Heute gehört das Gebäude dem Landschaftsverband Rheinland, dient als Lagerhaus und manchmal als Ausstellungsstätte.

Wenn wir der Essener Straße gut 100 Meter nach Westen folgen, stehen wir vor dem Werksgasthaus der GHH.

Abstecher

Werksgasthaus und Kaisergarten

Der Konzern ließ sich 1913 keine Kantine hinstellen, sondern einen Repräsentationsbau mit neobarocken Anklängen. Verbaut wurde modernes Material: ein Sockel aus Stahlbeton zum Schutz gegen Bergschäden, das Tragwerk besteht aus 1.200 Tonnen Stahl. Es gab einen eigenen Raum für die Chauffeure der Firmengäste und einen Weinkeller. Heute hat hier das Technologiezentrum Umweltschutz TZU seinen Sitz.

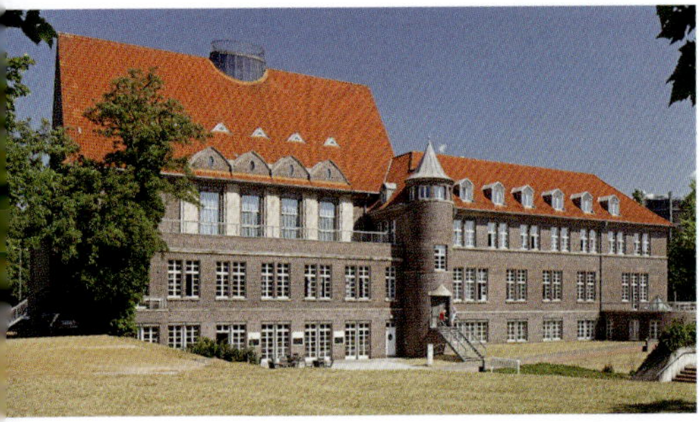

Das Werksgasthaus mutet wie ein Adelssitz an.

Vom Werksgasthaus müssen Sie nur die B223 überqueren, um Schloss Oberhausen und den Kaisergarten zu erreichen. Das Schloss ist besonders für seine Comic-Ausstellungen bekannt, der Park für seinen Streichelzoo.
www.tiergehege-kaisergarten.de

Wir queren die Essener Straße und folgen der Straße Im Lipperfeld. Die moderne Zweckarchitektur ist reizlos, aber Alleebäume spenden Schatten, und Nr. 23 ist ein weiteres Relikt der GHH: die Turbinenhalle von 1909.

Am Weg

Turbinenhalle

Der Backsteinbau wurde zur Stromversorgung der Hütte errichtet. Heute dient er als Konzert- und Veranstaltungshalle und besteht entgegen der Benennung nicht aus einer, sondern aus zwei Hallen.
https://turbinenhalle.de

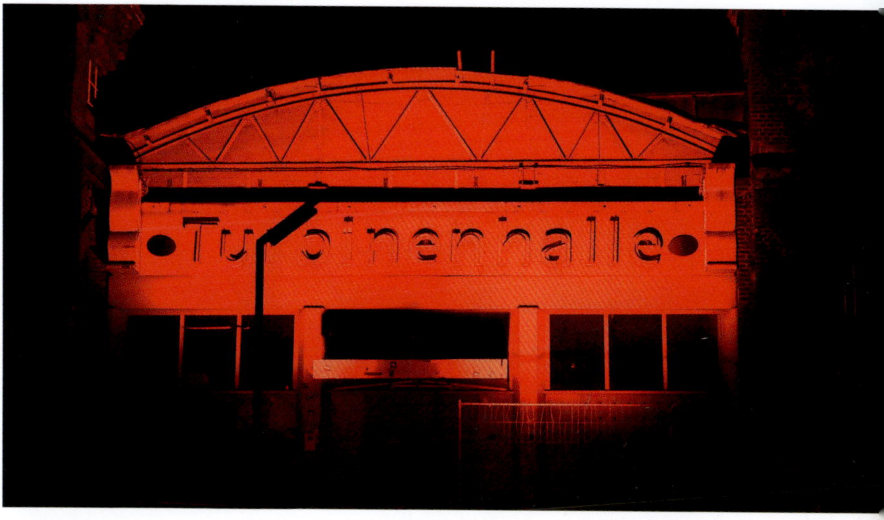

Ab 1909 sorgten hier Maschinen für ordentlich Dezibel, heute tun das Bands

Zu unserem nächsten Ziel führt uns die Henkelmannbrücke – so genannt, weil darüber die Frauen aus den Wohnquartieren ihren Männern im Werk das warme Essen im Henkelmann brachten. Parallel überquert eine moderne Brücke die Gleise. Wir gehen auf der anderen Seite rechtsherum unter der Brücke hindurch und über den Pfad durch eine Kleingartenanlage.
Die Knappenhalde wurde aufgetürmt aus Hochofenschlacke und den Trümmern des kriegszerstörten Oberhausen.

Am Weg

Knappenhalde

55 Meter überragt der „Monte Schlacko" das flache Umland. Auf dem nährstoffarmen Boden wachsen Holunder, Waldmeister und Weißdorn. Der Weg führt schneckenförmig bergauf. Im Unterholz versteckt sind Kunstwerke und die vermauerten Zugänge zu Luftschutzstollen. Ganz oben steigert ein Aussichtsturm noch den Ausblick bis zu den Nachbarstädten und im Westen auf den 1897 erbauten Wasserturm der GHH.

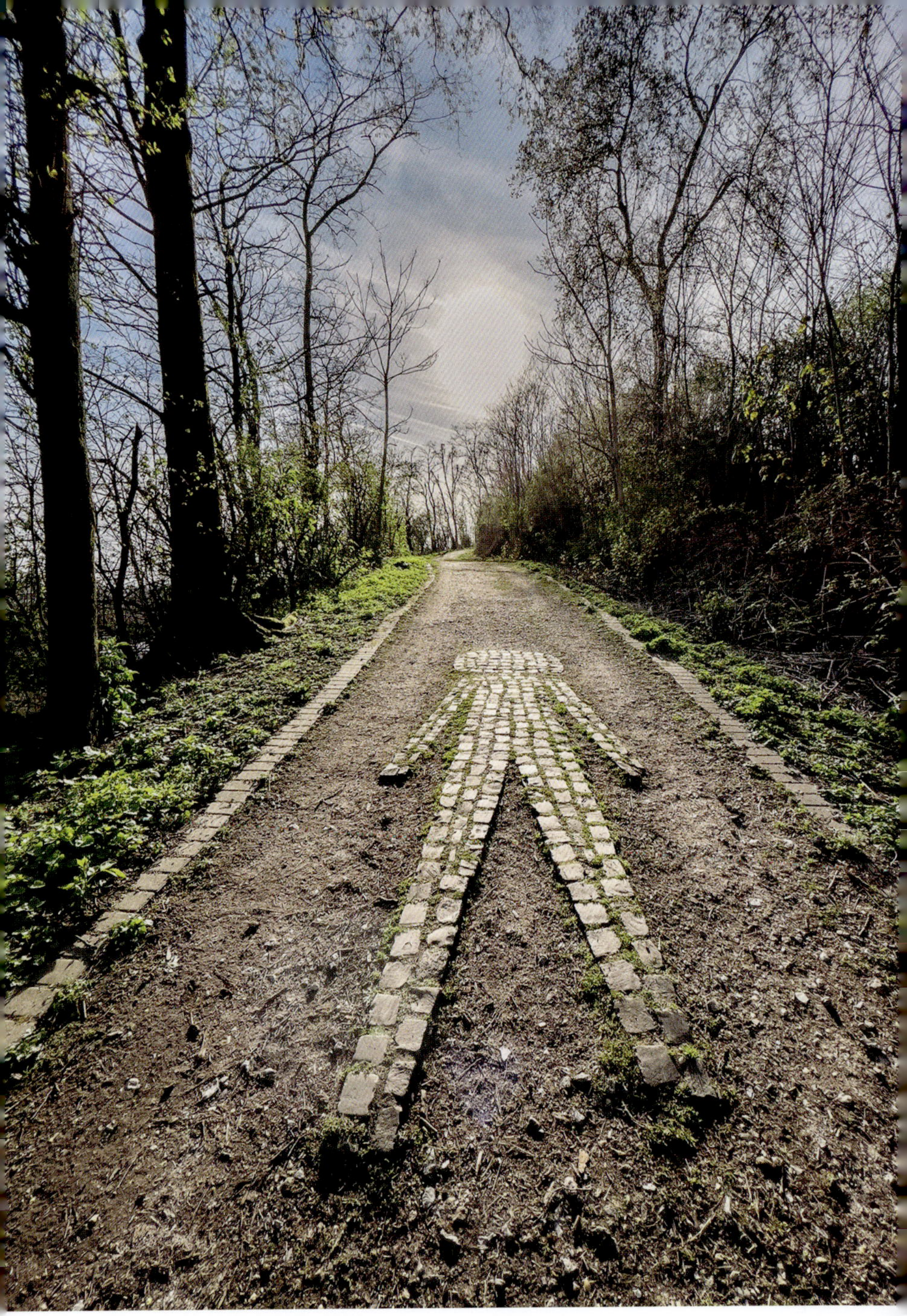

Kunst pflastert den Weg auf die Knappenhalde.

Nun verabschieden wir uns von den Relikten der Hütte, steigen von der Halde herab und machen uns nach Osten auf zum Gelände der ehemaligen Zeche Oberhausen. Wir nehmen die Knappenstraße nach links und biegen gleich rechts in den Annemarie-Renger-Weg ein.

Am Weg

Zeche Oberhausen

Die erhaltenen Werkstattgebäude der Zeche werden heute von Kfz-Betrieben und als Konzerthalle genutzt. Wir folgen dem Knick nach links. Unter unseren Füßen ist im Asphalt die alte Waage erahnbar, vor uns liegen beiderseits der Straße die Torhäuser der Markenkontrolle. Im linken ist ein Hostel untergebracht, in dessen Biergarten und Räumen sich hervorragend ausspannen lässt. Integriert ist ein Geschäft mit dem Original-Fliesenboden von 1913, zu kaufen gibt es Damenmoden und Oberhausener Gin.
www.in-hostel-veritas.de

Die Übertagebauten sind eher schnuckelig als majestätisch. Die Geschichte des Bergwerks aber ist eindrucksvoll. Zeitweilig mehr als 2.300 Bergleute arbeiteten auf dieser ersten Hüttenzeche des Ruhrgebiets: Hütte und Zeche gehörten zum selben Betrieb. Nach der Stilllegung wurde darin ein Schaubergwerk eingerichtet. Von 1935 bis 1959 (mit kriegsbedingter Unterbrechung) konnte man einfahren und in 609 Metern Tiefe einen Kinosaal besuchen. Seit 1960 sind die Schächte verfüllt und die meisten Übertageanlagen abgerissen.

Von der Zeche aus sieht und hört man schon die Essener Straße. Wir überqueren sie und nehmen direkt links von der HOAG-Brücke den Weg ins Grüne.

Auf kombinierten Rad-/Fußwegen laufen wir einen großen Linksbogen. Unser nächstes Zwischenziel liegt im Norden inmitten einer richtigen Industrieprärie.

Abstecher

Haus Ripshorst

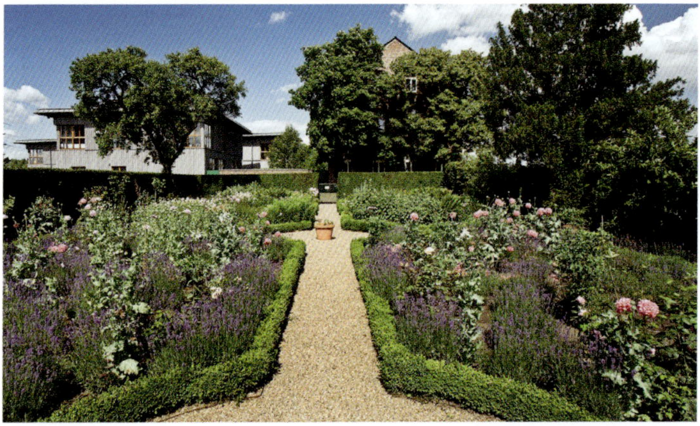

Der ehemalige Gutshof wurde 1999 zu einem Besucherzentrum des Regionalverbands Ruhr umgebaut. Hier können Sie sich über Geschichte und Ökologie der Region informieren, einen Bauern- und einen Pilzgarten, einen Bienenlehrstand und den Gehölzgarten besichtigen. Ein ausgeschilderter Rundgang führt Sie herum.
www.ripshorst.rvr.ruhr

Trotz so viel Idylle sind wir hier auch mit unserem Interesse an Industrienatur durchaus richtig. Auf dem brachgefallenen Gelände eines ehemaligen Güterbahnhofs hat sich als Gleispark Frintrop eine Naturlandschaft entwickelt, Pionierpflanzen erobern den mit Schotter bestreuten trockenen Boden zurück. Der Läppkes Mühlenbach verläuft teilweise noch schnurgerade in einer Betonrinne Richtung Emscher, doch daneben ist sein künftiges mäanderndes Bett schon ausgehoben, die Emschergenossenschaft stellt hier eine Auenlandschaft wieder her.
Der Bach unterquert verrohrt den Rhein-Herne-Kanal und mündet in die renaturierte Emscher. Wir überqueren den Kanal über die Ripshorstbrücke. Dass sie auch Waghalsbrücke genannt wird, soll

nicht bange machen, denn das geht auf eine hier spielende Sage zurück und nicht etwa auf die aktuelle Standsicherheit. Von dem geschwungenen Steg aus sehen wir im Westen in der Ferne den Gasometer und am Ufer links vor uns den „Zauberlehrling“: Das Kunstwerk in Form eines tanzenden Strommasten scheint den Weg zu weisen.

Sollen wir nun am Kanal oder längs der parallel verlaufenden Emscher weiterziehen? Beides! Wir bleiben auf der dazwischenliegenden, wenige Dutzend Meter schmalen Emscherinsel. Wer's schattig mag, wandert obenauf zwischen Bäumen, wer die A42 nicht hören will, hält sich am Kanalufer.

Eine Reihe von Brücken ermöglicht, das Ufer zu wechseln. Drei kreuzen sich auf Höhe des Gasometers: eine Straßen-, eine Bahn- und eine Fußgängerbrücke. Letztere bringt uns zurück an unseren Ausgangspunkt.

Abstecher

Vondern und Verkaufsanstalt

Wer an der Ripshorstbrücke nicht unserem Weg nach Westen folgt, sondern geradeaus nach Norden weiterzieht, überquert die Emscher und gelangt in die Industriebrache Vondern. Das Gelände der abgerissenen Zeche Vondern blieb sich selbst überlassen. Hier wuchern Nachtkerzen und wilder Spargel, dazwischen gesetzt wurden Kunstwerke, zum Teil aus Trümmern bestehend.

Durch den „Kunsttunnel“ mit seiner Lichtinstallation unterqueren Sie die A42 und gelangen in die Arminstraße. Dort ist in Nr. 53 das Gebäude der Verkaufsanstalt IV der GHH von 1910 erhalten, wo die Familien aus der umliegenden Zechensiedlung einkauften.

Als Nr. 65 registriert ist Burg Vondern, deren trutzige Mauern die Kulisse für Konzerte und Feste bilden. Dieselbe Strecke zurückgehend, erreicht man die Ripshorstbrücke nach 1,79 km und 0:33 Std. reiner Gehzeit.

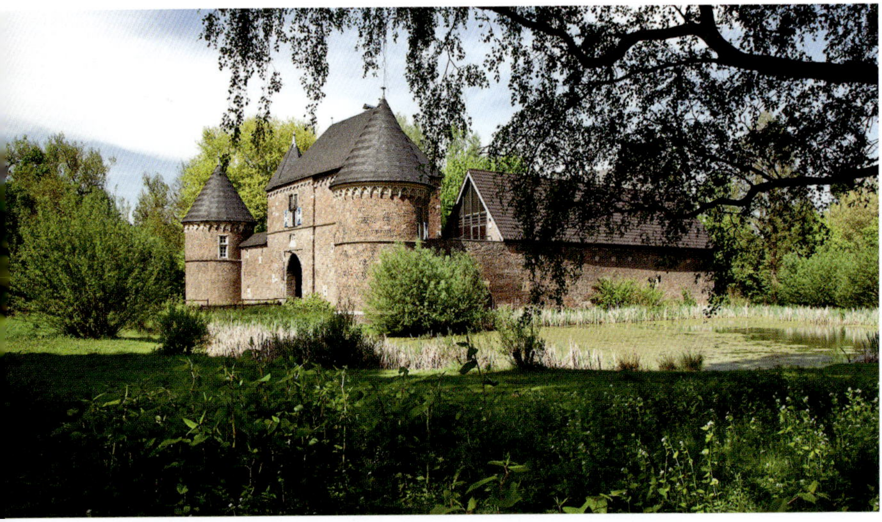

Vorburg und Herrenhaus von Burg Vondern sind erhalten.

Abstecher

Zeche Osterfeld und Olga-Park

Im Norden des Gasometers, jenseits von Kanal, Emscher und A42, liegt das Gelände der Zeche Osterfeld. Die war von 1879 bis 1992 in Betrieb. Viele Gebäude wurden abgerissen, das Gelände zum Landschaftspark umgestaltet, dort fand 1999 die Oberhausener Landesgartenschau statt. Zu besichtigen sind keine gärtnerischen Hochleistungen, sondern erhaltene Zechenbauten.

Überragt wird das Gelände vom Strebengerüst über Schacht 3. Die Kohlemischhalle heißt heute „Gartendom". Das Torhaus der Markenkontrolle (Vestische Str. 45) wird gastronomisch genutzt, erhalten ist auch das Steigerhaus (Zum Steigerhaus 1).

Unser Abstecher beginnt auf der Emscherinsel, führt zwischen dem Friedhof Teutstraße und dem Klärbecken der Zeche Osterfeld nach Norden über das Olga-Gelände und dann im Bogen zum Gasometer. Dieser Rundweg verlängert die Strecke um 1:05 Std. / 3,36 km.

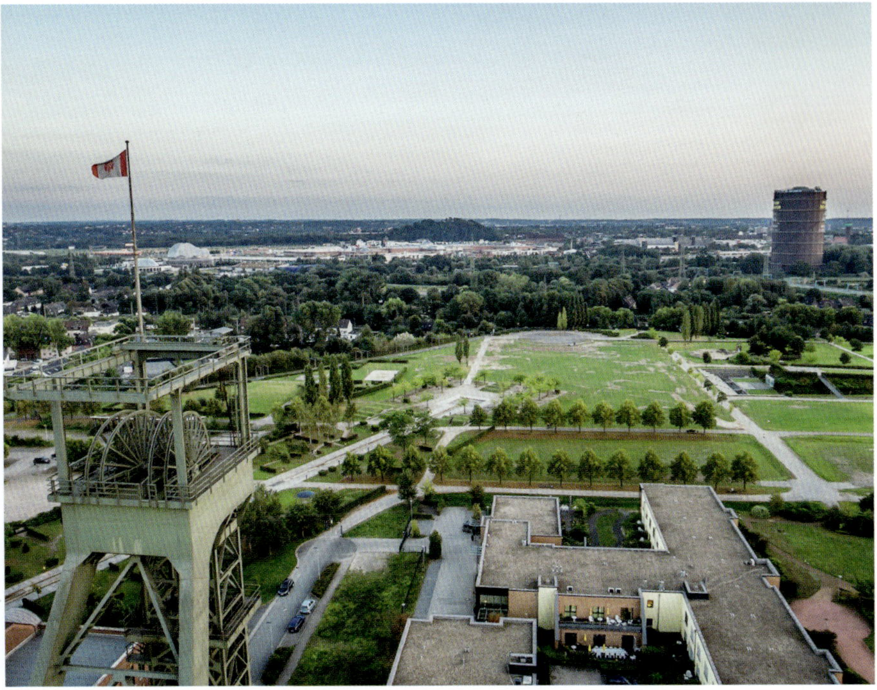

Zwischen dem Förderturm der Zeche Osterfeld und dem Gasometer liegt der Olga-Park.

Gastronomie

In Hostel Veritas
Charmanter Beherbergungs- und Gastronomiebetrieb im Zechengebäude, viele auch vegetarische Speisen, erschwinglich.
www.in-hostel-veritas.de

Café-Ecke im Haus Ripshorst
Getränke, selbstgebackener Kuchen, sonntags auch Bioprodukte unter anderem aus Landmetzgereien. Große Außenterrasse.
www.ripshorst.rvr.ruhr

Gastronomie im Kaisergarten
Restaurant-Café-Biergarten mit Standards, Menüs und Kuchen aus eigener Produktion. Direkt nebenan eine Imbissbude.
http://kaisergarten.de

Tour 5

- Startpunkt
- Zielpunkt
- Haltestelle
- Parkplatz
- Gastronomie
- familienfreundlich
- Industriekultur
- Naturerlebnis
- Fotospot
- Aussichtspunkt

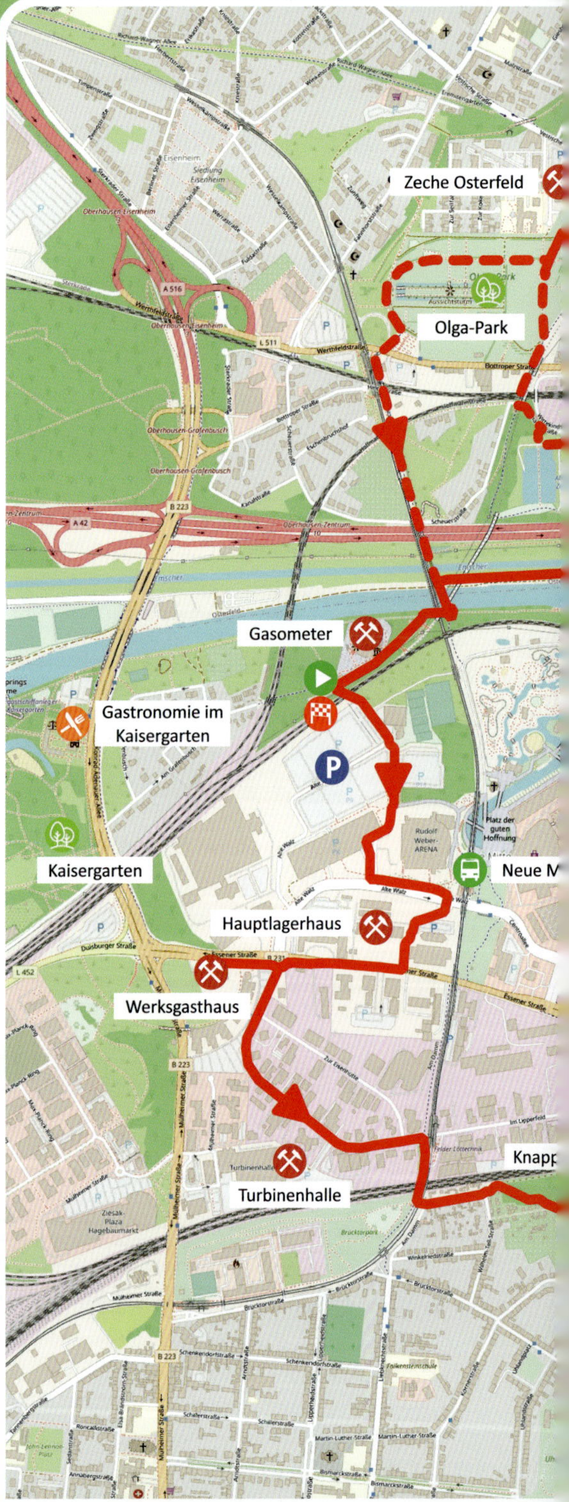

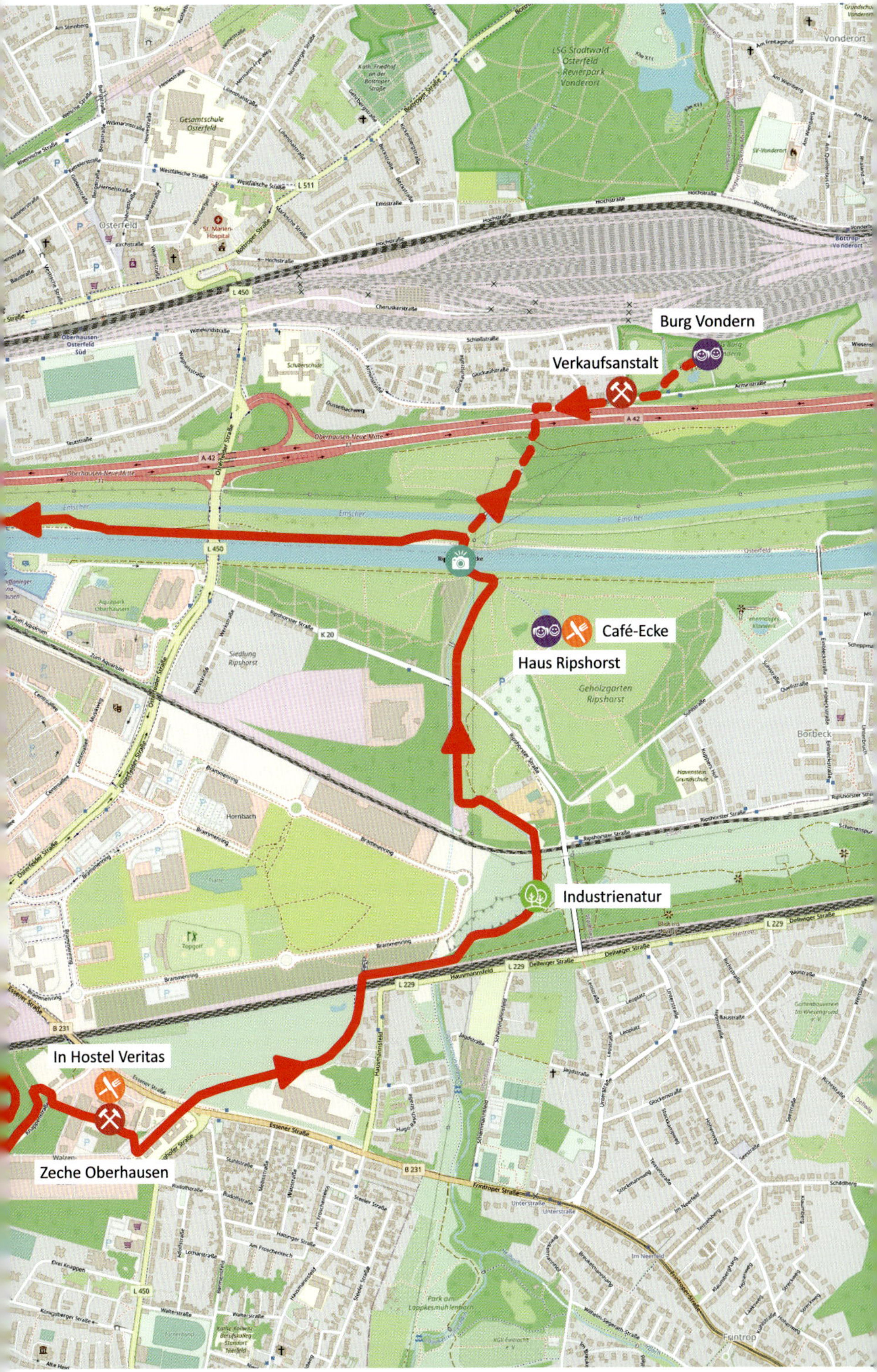
Burg Vondern
Verkaufsanstalt
Café-Ecke
Haus Ripshorst
Industrienatur
In Hostel Veritas
Zeche Oberhausen

Zwischen Himmel und Erde

Kunst auf Halde Haniel

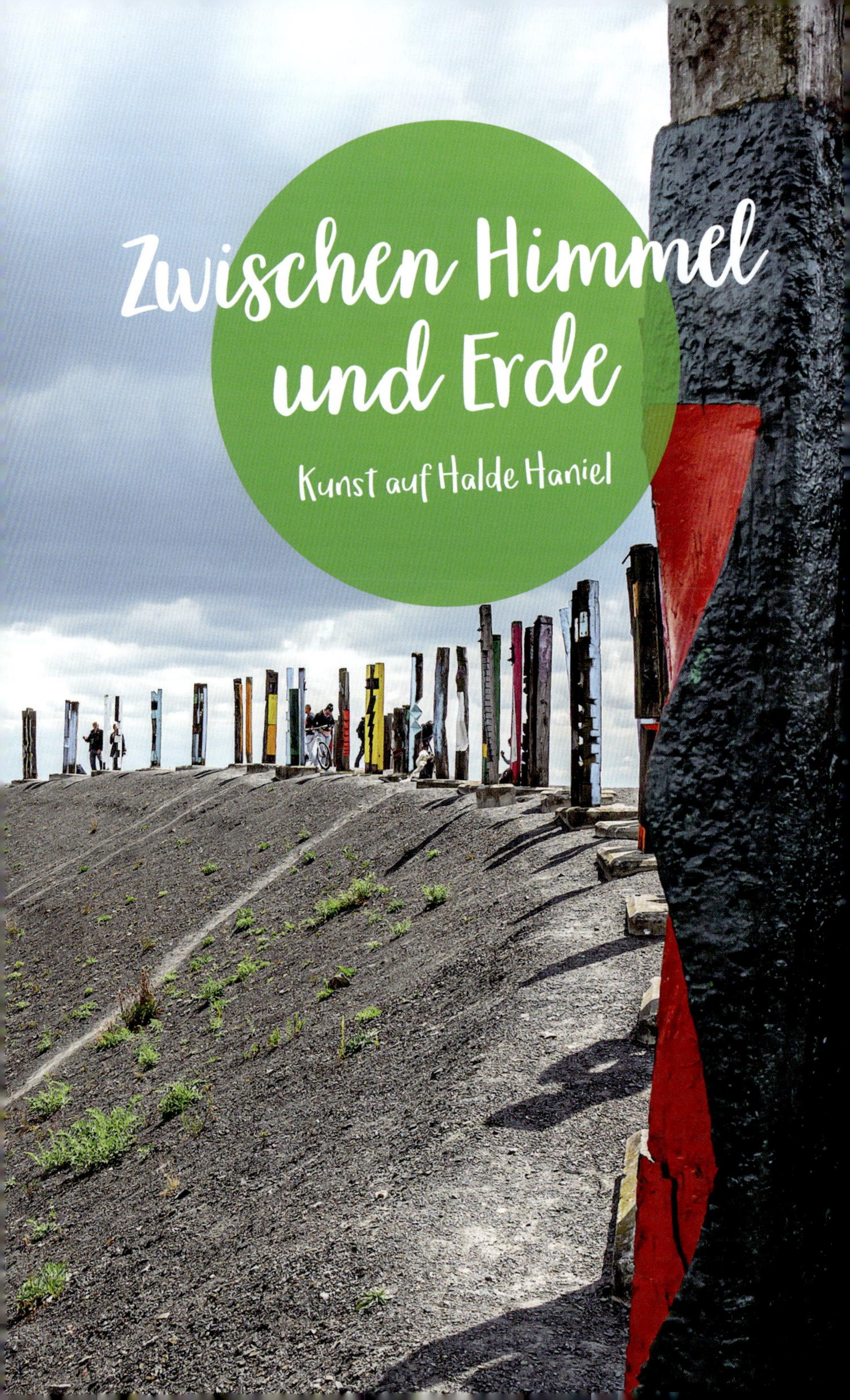

Heute geht's hoch hinaus: Die höchste begehbare Aufschüttung des Ruhrgebiets erhebt sich 185 Meter über Normalnull. Die Halde Haniel besteht aus dem Abraum der letzten aktiven Steinkohlenzeche, ein Teil der Übertageanlagen des Bergwerks Prosper-Haniel liegt ihr zu Füßen. Unten begrünt und oben mondlandschaftlich ist dieser Berg von Menschenhand, gekrönt wird er von viel fotografierten Kunstwerken. Das Gipfelkreuz steht nicht auf dem Gipfel, sondern an Station 12 eines Kreuzwegs. Unweit davon befindet sich die abgelegenste Arena des Landes. Die Aussicht ist grandios, die Möglichkeiten zum Wandern, Biken und Drachensteigen sind vielfältig.

Tour 6

3:57 Std.

11,3 km

Start/Ziel: Parkplatz Halde Haniel, Kirchhellener Straße, ca. 200 m südlich der Einmündung der Everslohstraße, 46145 Oberhausen

Anreise mit ÖPNV: Bus 952 bis Haltestelle Everslohstraße, dann der Kirchhellener Straße ca. 200 m nach Norden folgen

Wegbeschaffenheit: breite Wege, grob geschottert, Wetterschutz unverzichtbar, im Wald wasserfestes Schuhwerk ratsam

Besonderheit: Abkürzung auf die Hälfte der Strecke möglich

Wegbeschreibung: Unser Ausgangspunkt liegt am Westrand der Halde Haniel. Von hier gehen gleich drei Wanderwege ab; wir nehmen den rechten, der uns zur Südspitze der Halde führt. Hier unten ist es angenehm schattig. Wenn wir in höhere Gefilde vorstoßen, wird der üppige Bewuchs aus Hartriegel, Ahornen, Robinien und anderen Schattenspendern abgelöst durch Ginster und Sanddorn, noch weiter oben durch karge Steppenvegetation. Dort sind wir Sonne, Wind und Regen ausgesetzt.

Der Pfad in die Höhe windet sich in Spitzkehren, das macht die Steigung sehr milde. Von Abkürzungen querfeldein ist abzuraten: Geröll und Schlamm können ins Rutschen kommen, und die downhill ra-

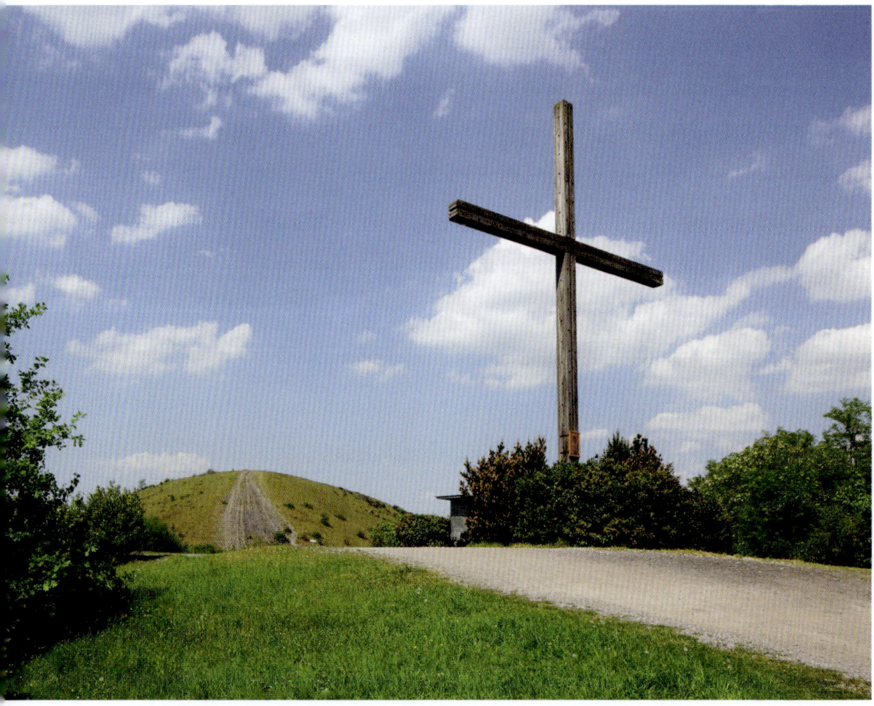

Das Gipfelkreuz stand mal am höchsten Punkt der Halde, dann wurde weiter aufgeschüttet.

Am Weg

Totems und Fernblick

1987 besuchte der Papst das Bergwerk Prosper-Haniel. Seine Rede wurde als Unterstützung der Kumpel im Kampf um ihre Arbeitsplätze verstanden. Neben der Bühne stand ein riesiges Kreuz. 1993 wurde es auf der Halde aufgerichtet. Karfreitags pilgern Katholiken dorthin. Vom Südende der Halde bis hierher führt ein Kreuzweg. An seinen Stationen sind Zechen-Gerätschaften ausgestellt, ein Förderkorb etwa und ein Abbauhammer.

Vom Kreuz-Plateau führen weitere Spitzkehren auf den heutigen Gipfel. Er wurde nicht als Bergspitze geformt, sondern als Höhenkamm.

Ihn markiert eine Reihe von 102 hochgestellten Holzpfosten. Kommt man ihnen näher, erkennt man, dass es sich um bemalte Bahnschwellen handelt. Sie stammen von Prosper-Haniels Zechenbahn. Der Bildhauer Agustín Ibarrola schuf die Installation 2002. Sie ist nach den Totems benannt, die bei Schamanen für die Verbindung zwischen den Lebenden und ihren Vorfahren stehen. Auf Bergen suchten die Menschen schon immer die Nähe der Götter. Das Werk kann wie auch das Gipfelkreuz inspirieren, über das nachzudenken, was uns heilig ist. Nicht alle erfüllt das mit Ehrfurcht: 2022 machten sich Vandalen die Mühe, eine Kettensäge hierher zu schleppen, um fünf der jeweils 70 Kilo schweren Schwellen umzusägen. Der Schaden ist inzwischen behoben.

Der Fernblick von dieser zweithöchsten Halde des Ruhrgebiets ist spektakulär. Zu Füßen der Halde liegt das Bergwerk. Gut erkennbar ist das grüne Doppelstrebengerüst mit der Aufschrift „RAG Prosper-Haniel“. Er steht über Schacht 2 der Zeche Franz Haniel. Sie ging im Verbundbergwerk Prosper-Haniel auf, auf dem im Dezember 2018 die Ära der Steinkohlenförderung im Ruhrgebiet endete.

Zu den Landmarken, die von der Halde Haniel aus sichtbar sind, gehören der Gasometer und die Knappenhalde in Oberhausen, die Arena auf Schalke und der Tetraeder auf der Halde Beckstraße, die übrigens aus Abraum von Prosper-Haniel besteht.

senden Dirtbiker kündigen sich nicht unbedingt vorher an, wenn sie sich den Hang hinabwerfen, Staubfahnen hinter sich herziehend.
Auch wir machen uns an den Abstieg und halten uns dabei Richtung Norden. Die Highlights auf dem unterhalb des Höhenkamms gelegenen Plateau haben wir bereits von oben gesehen, nun können wir sie aufsuchen. In der spärlich nur von Natternköpfen und Kamille bewachsenen Ödnis liegen ein kleiner Teich – und ein Amphitheater. 800 Plätze fasst das Betonrund und sieht aus wie ein Schalltrichter. „Aida" wurde in der Bergarena gegeben und „Der fliegende Holländer".
Welchen der Pfade Sie nun bergab nehmen, ist nicht so wichtig, die Generalrichtung sollte aber gen Nordosten sein. Am Fuß der Halde treffen wir so auf die Straße Am Gutshof. Jetzt sollten Sie eine Entscheidung treffen: Je nach Kondition können Sie die Tour auf rund die Hälfte abkürzen – in dem Fall geht es nun weiter wie im Abschnitt „Abkürzung" beschrieben.
Wenn Sie sich dagegen für die gesamte Strecke entscheiden, biegen Sie nun nach links in den Köllnischen Wald ab. Dieser große Laubmischwald war einst das Jagdrevier des Kölner Erzbischofs. Heute ist dieses Naturschutzgebiet Teil des Naturparks Hohe Mark. Ranger versuchen dem Querfeldein-Biken und -Trampeln Einhalt zu gebieten. Unter unseren Füßen liegen im Boden die Untertage-Anlagen von Prosper-Haniel. Zwischen Buchen und kleinen Bächen wandern wir zur nächsten Halde.
Wenn wir die Halde Schöttelheide entgegen dem Uhrzeigersinn umrundet haben, stoßen wir an der Kreuzung der Straßen Am Gutshof und Im Ächterwald auf einen Teich. Röhricht umsteht die kleine Wasserfläche. Deren Ockerfärbung erinnert daran, dass wir uns in Bergbaugebiet befinden. Der Steg dient nur der Aussicht, Baden ist verboten. Dies wäre ein idealer Rastplatz, aber es gibt keine Bänke.
Nun machen wir uns auf den Rückweg. Wir suchen uns einen der südwärts führenden Wanderwege aus, die zwischen der Westseite der Halde und der Straße Am Postweg verlaufen. Die Verlängerung der Straße heißt bereits Kirchhellener Straße, und an der liegt unser Ausgangspunkt.

Am Weg

Halde Schöttelheide

Nordöstlich der Halde Haniel wurde die Halde Schöttelheide angelegt. Von den Totems aus haben wir schon den steppenartigen Buckel gesehen. Dies ist eine der jüngsten Halden des Reviers. Erst seit 2001 wurde hier Abraum von Prosper-Haniel terrassenförmig aufgeschüttet. Die künftige Nutzung von Schöttelheide ist noch in der Diskussion: ausschließlich oder überwiegend Naturschutz? Oder auch Energiegewinnung in Form eines Windrads?
Viel zu sehen gibt es noch nicht. Damit die Natur und die Pflanzungen nicht gestört werden, ist das Betreten verboten. Der Weg rund um den Fuß der Halde führt auf rund fünf Kilometern Länge durch schönes Grün.

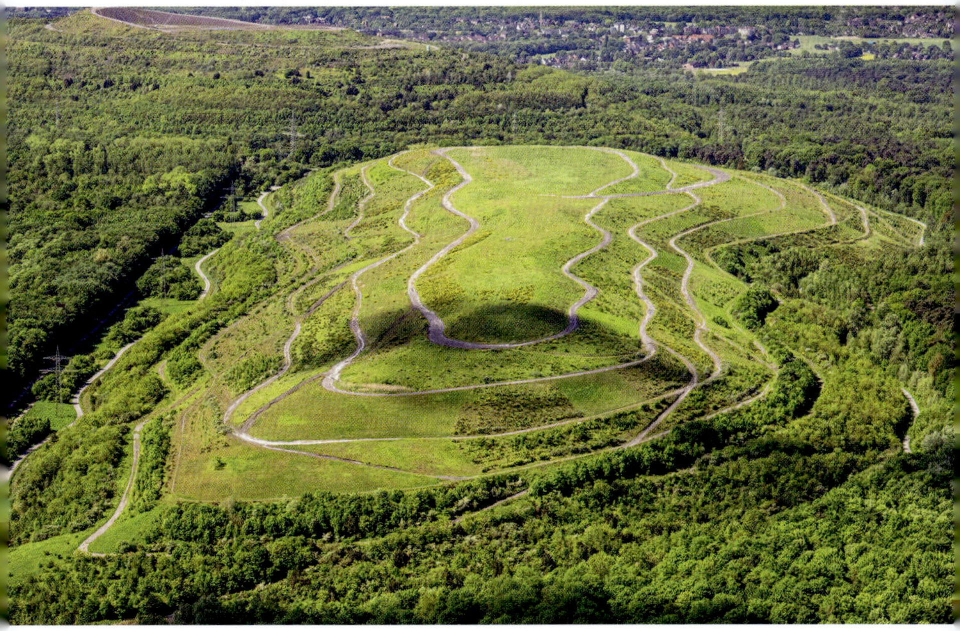

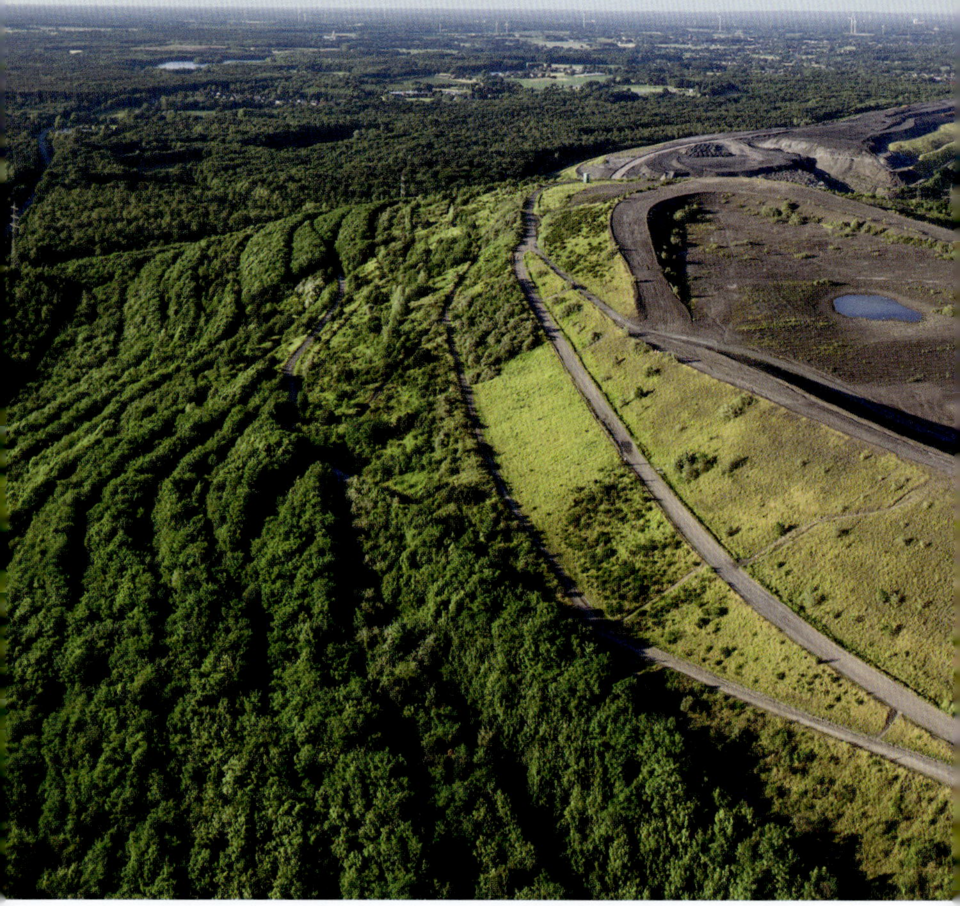

Blick über die Halde Haniel: rechts die Totems, links daneben die Arena, der Teich - und überall das Revier–Panomara.

Abkürzung

Strecke halbieren

Eine Halde reicht Ihnen für heute? Dann verkürzen Sie die Tour auf ungefähr die Hälfte und lassen Sie die Umrundung der Halde Schöttelheide aus. Nehmen Sie stattdessen nach dem Abstieg von der Halde Haniel die Straße Am Gutshof nach links, also nach Nordwesten. Am besten läuft es sich auf dem links parallel zur Straße verlaufenden Pfad. Wo er rechtwinklig nach links abknickt, erreichen Sie den oben beschriebenen Teich.

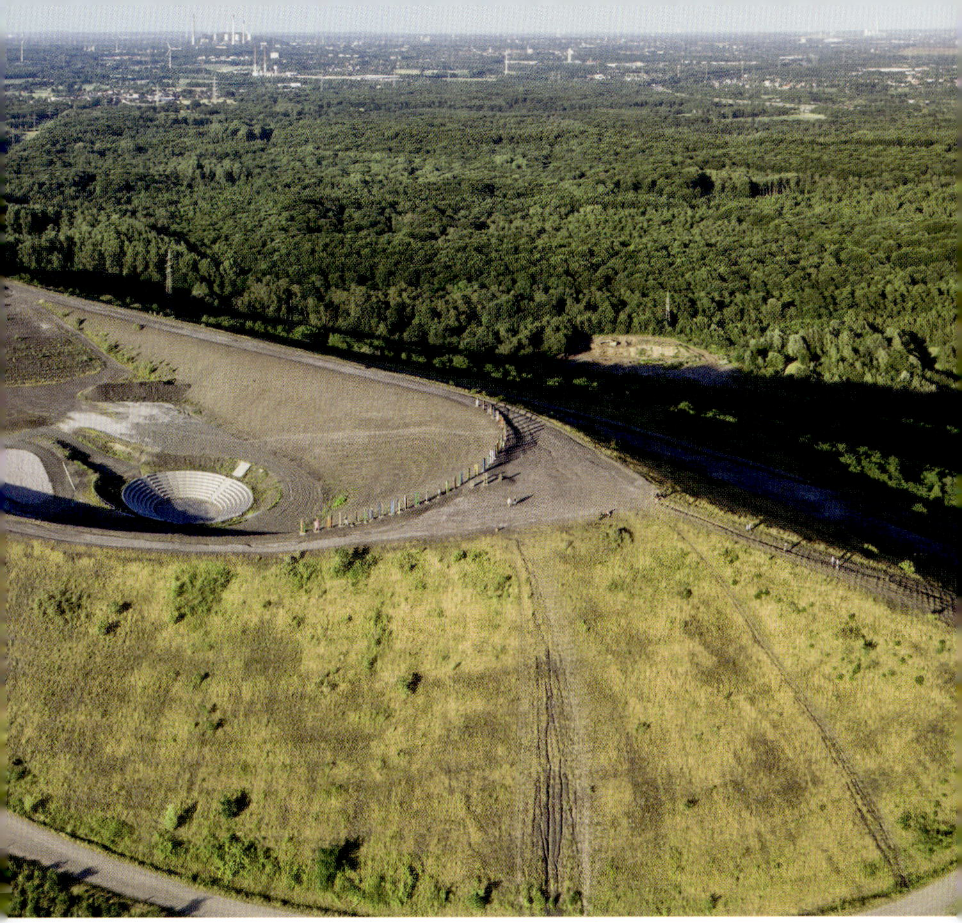

Gastronomie

Gasthaus Luft
Traditionshaus mit Sommergarten, täglich günstiger Mittagstisch, vom Ausgangspunkt unserer Tour 1,5 km westlich.
www.gasthaus-luft.de

Hardtschänke
Eckkneipe in der Hartmannstr. 2, vom Ausgangspunkt 900 m die Kirchhellener Straße nach Süden, kleiner Biergarten.
https://hardtschänke.de/

Restaurant Herzblut
Restaurant, Bistro und Bar im Grünen mit internationaler Küche und Biergarten, 2 km von der Halde Schöttelheide entfernt.
https://herzblut-bottrop.de

Tour 6

- Startpunkt
- Zielpunkt
- Haltestelle
- Parkplatz
- Gastronomie
- Kunstobjekt
- Industriekultur
- Naturerlebnis
- Fotospot

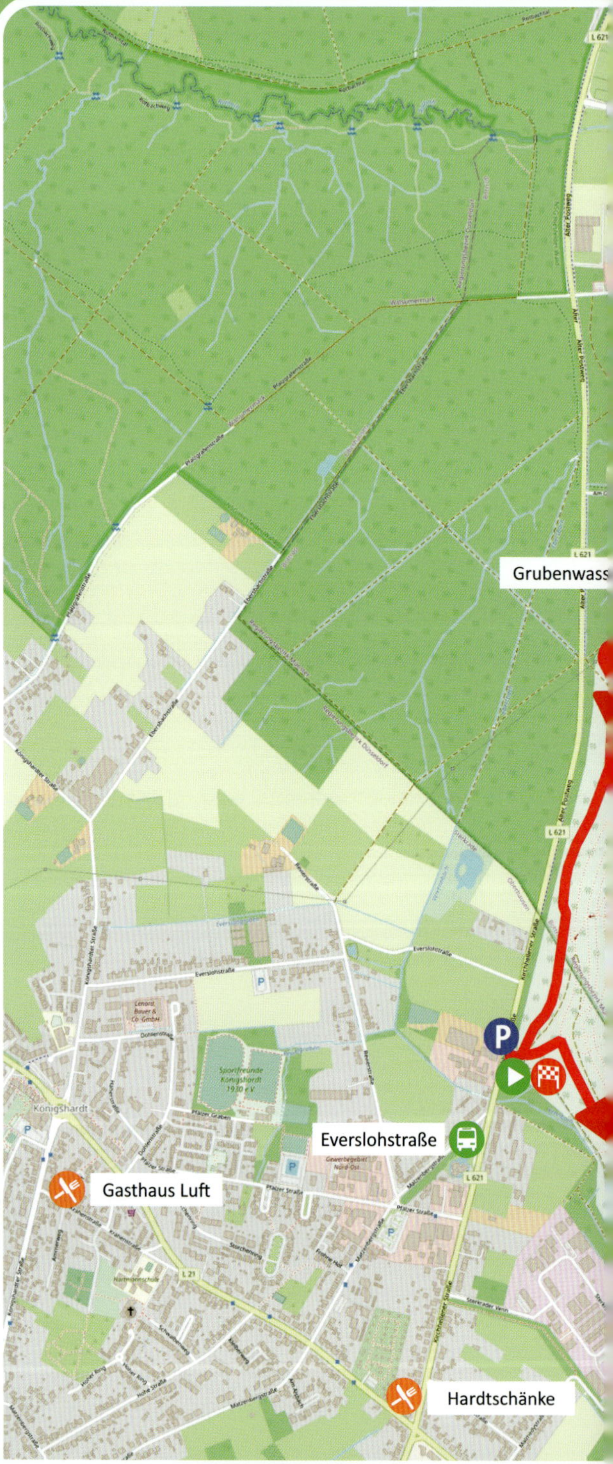

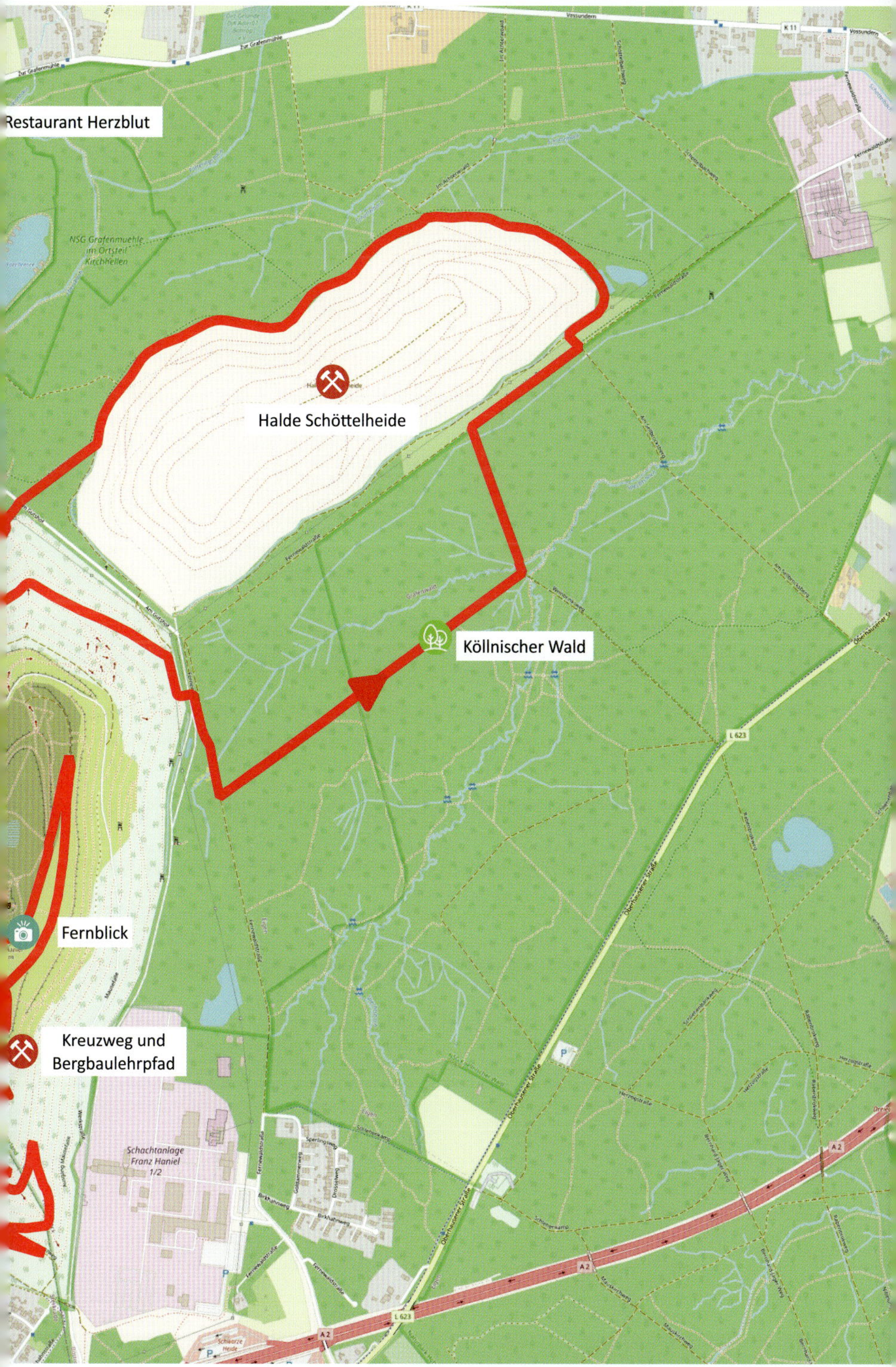
Restaurant Herzblut
Halde Schöttelheide
Köllnischer Wald
Fernblick
Kreuzweg und
Bergbaulehrpfad
Schachtanlage
Franz Haniel
1/2
L 623
A 2
K 11

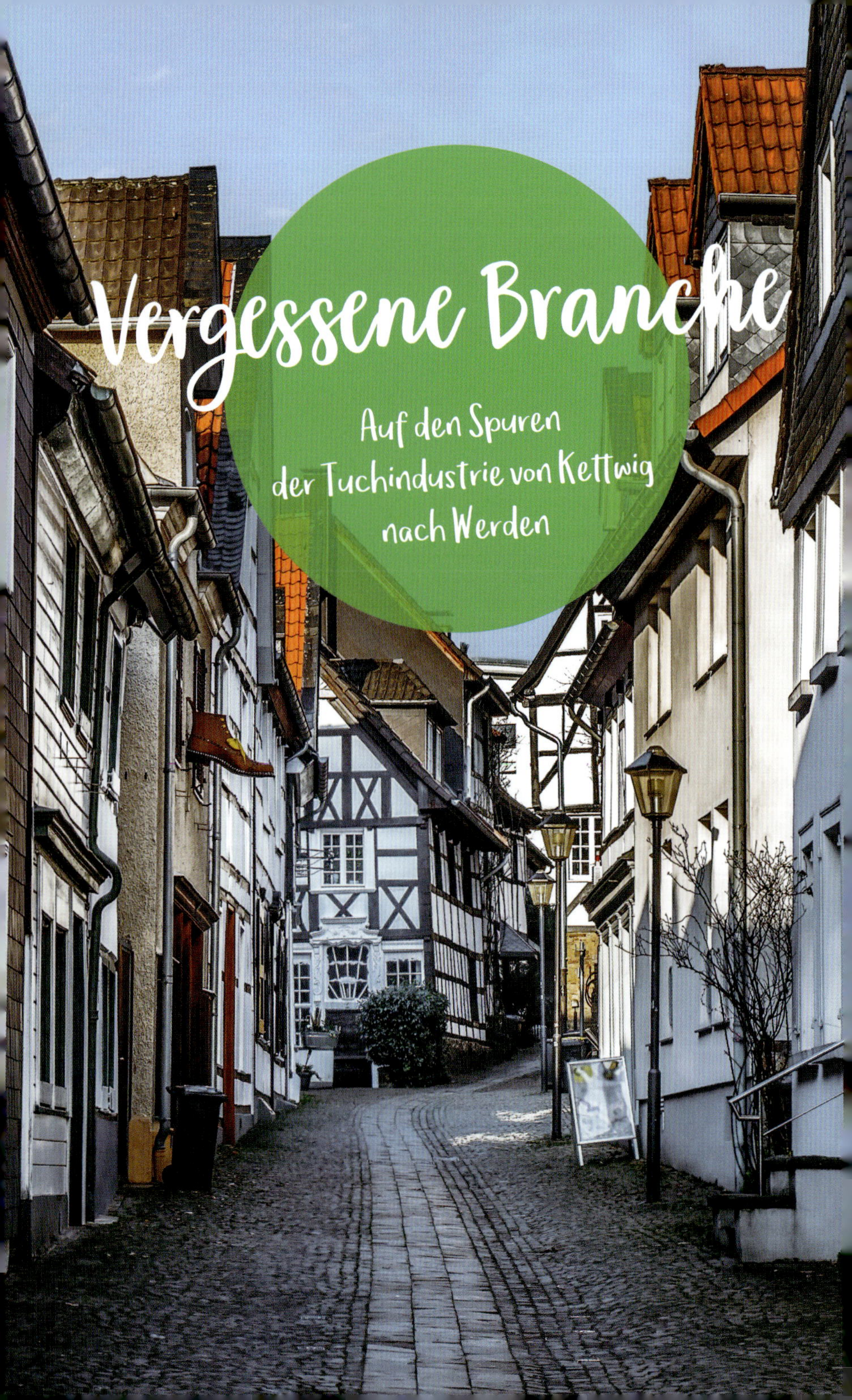
Vergessene Branche
Auf den Spuren
der Tuchindustrie von Kettwig
nach Werden

Die Textilindustrie war der bedeutendste Industriezweig im Ruhrgebiet, bevor Kohle und Stahl ihr den Rang abliefen. Dass sie zu den Hauptarbeitgeberinnen gehörte, ist fast vergessen. Anders als in der Montanindustrie half die Politik nicht mit Milliardensubventionen, denn in der Textilproduktion arbeiteten überwiegend Frauen, und mit denen konnte man es damals ja machen. Diese Wanderung begibt sich auf die Spuren des Strukturwandels: zu Tuchfabriken, Weberhäusern und Fabrikantenvillen in den Altstädten von Kettwig und Werden.

Tour 7

3:51 Std.

12,8 km

Start: S-Bahnhof Essen-Kettwig, (Parken auf dem Schotterplatz nebenan), Ruhrtalstr. 345, 45219 Essen

Ziel: S-Bahnhof Essen-Werden, Im Löwental 11, 45239 Essen

Anreise mit ÖPNV: S6 oder Busse 142 und 190 bis Kettwig S-Bahnhof (nicht: Kettwig Stausee)

Abreise mit ÖPNV: S6 oder Bus 180 bis Kettwig S-Bahnhof

Wegbeschaffenheit: durchgehend befestigte Wege, wenig Steigungen, Sonnenschutz nötig

Abkürzungsmöglichkeit: Machen Sie nur den Rundweg durch Kettwig – oder den durch Werden.

Wegbeschreibung:

Die Globalisierung war als Begriff in den 1960ern noch nicht geläufig, ihre Auswirkung aber bereits spürbar. Die Textilunternehmen ließen zunehmend in Billiglohnländern produzieren. Hunderttausende Arbeitsplätze in der Textil- und Bekleidungsindustrie Nordrhein-Westfalens gingen verloren. Einst große Namen wie Steilmann (Wattenscheid), Buschfort (Gladbeck) oder Condor (Recklinghausen) gerieten in Vergessenheit wie die Tatsache, dass Gelsenkirchen nicht nur die Stadt der tausend Feuer war, sondern auch die Stadt der tausenden Nähmaschinen.
Wenn wir vom Kettwiger S-Bahnhof Richtung Altstadt gehen, belegen die Villen beiderseits der Hauptstraße, dass man in Deutschland einmal reich werden konnte mit der Textilproduktion.
Seit dem 16. Jahrhundert ist eine Kettwiger Tuchmacherzunft dokumentiert. Kurz bevor Kettwig 1857 Stadtrechte erhielt, bestanden hier 14 Fabriken für Tuchmacherei, Färberei und Gerberei.

Am Weg

Heimatmuseum

Über Kettwigs jahrhundertelange Vergangenheit als Tuchmacherstädtchen informiert das Heimatmuseum im alten Rathaus. Auch dieses Gebäude diente einmal der Tuchfabrikation. Ein Highlight der Ausstellung war lange ein Kissen, gefertigt aus Ordensbändern, für die es nach 1945 keine Nachfrage mehr gab. Eine andere in Kettwig gewebte Spezialität waren Regenschirm-Bespannungen.
https://museum-kettwig.de

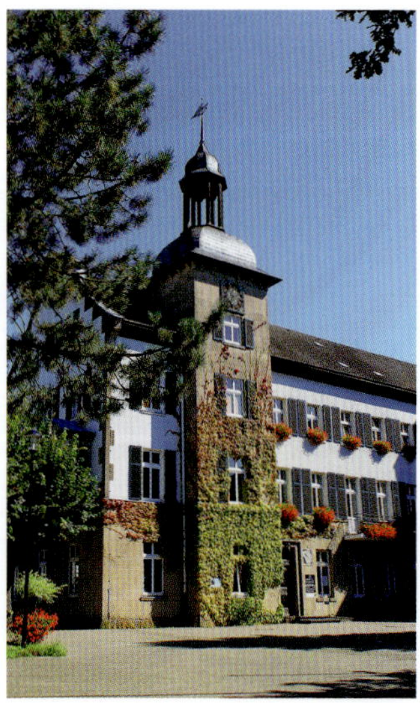

Folgen Sie der Hauptstraße durch die idyllische Altstadt und biegen Sie links in die Ruhrstraße ab. Neben der klassizistischen Kirche St. Peter sehen Sie eine Villa der Tuchfabrikantenfamilie Scheidt, die in Kettwig einen Stellenwert einnahm wie Krupp in Essen. Das Gebäude wird heute als Kindergarten genutzt. Spazieren Sie die Ruhrstraße bergab. Wo sie auf die Kirchtreppe trifft, weitet sie sich zum Tuchmacherplatz.

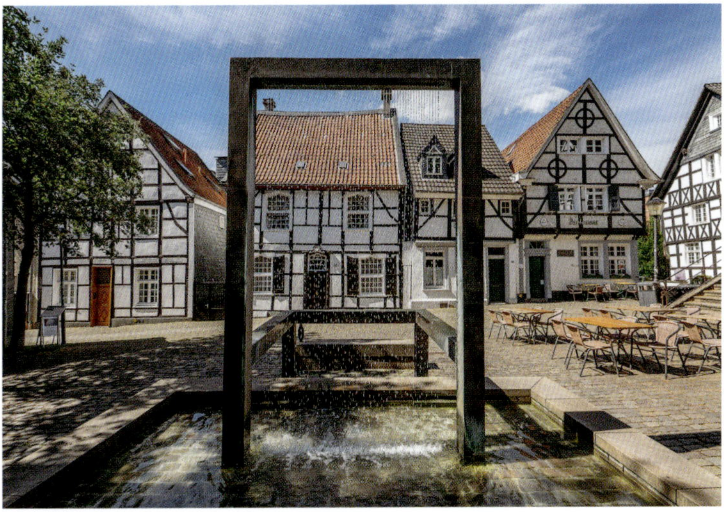

Brunnen, Fachwerk und Pflasterung schaffen Altstadt-Atmosphäre.

Am Weg

Weberbrunnen

Dort erinnert seit 1992 der Weberbrunnen an die 1975 beendete Kettwiger Textilproduktion. Wolfgang Liesens Skulptur hat die Form eines Webstuhls, an dem die herabfallenden Wasserfäden für die Kettfäden stehen. Zur Finanzierung wurden zwölf bronzene Garnspindeln verkauft. Einige davon können Sie versteckt in der Altstadt finden, eine direkt beim Brunnen.

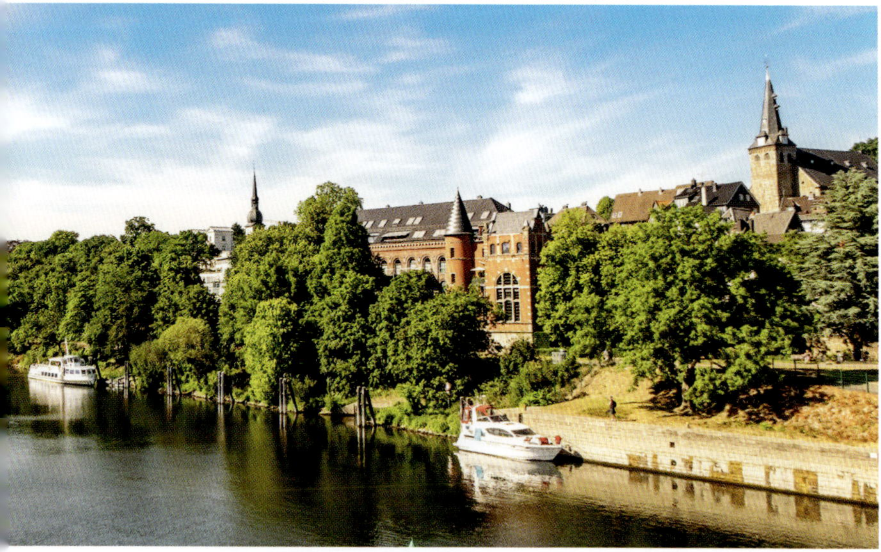

Industriekulturelle Postkartenidylle: das ehemalige Turbinenhaus am Ruhrufer

Am tiefsten Punkt der Ruhrstraße wenden wir uns zum Ruhrufer. Der stadtbildprägende Backsteinbau im Stil des Historismus war Scheidts Turbinenhaus. Dieses Stück Industriekultur von 1901 verfiel jahrzehntelang, bis es zu schicken Lofts umgebaut wurde. Davor erinnert die Skulptur einer Tuchrolle an den Stoff, der manche Familien „betucht" gemacht hat.

Wenn Sie von hier dem Ufer flussaufwärts folgen, erreichen Sie den Ruhrbogen. Er war bebaut mit der Scheidtschen Kammgarnspinnerei. Heute ist er ausgefüllt mit kubischen „Townhouses". Nur entlang der Ringstraße blieben Teile der Fabrik-Backsteinmauer erhalten. Ein Schlenker in die Bachstraße führt zum „Mädchenwohnheim": Ab 1906 wurden hier bis zu 280 „alleinstehende Arbeitnehmerinnen" untergebracht und streng beaufsichtigt, heute wohnt man freier in der hufeisenförmigen Anlage neben dem Supermarkt.

Zurück am Ruhrufer, bummeln wir an dem dreistöckigen Backsteingebäude der ehemaligen Tuchfabrik Klein-Schlatter vorbei flussaufwärts Richtung Werden. Der Weg war ein Leinpfad, von dem aus

Pferde die Ruhrkähne zogen. Kurz vor Werden ist die Papiermühlenschleuse von 1778 erhalten. Dieser Abschnitt des Ruhrtals ist so beliebt, dass an sonnigen Feiertagen Wanderer, Hundeleinen, Skater und Radler durch- und aneinandergeraten können.
In Werden überqueren wir die Ruhrbrücke und biegen nach rechts in die Bungertstraße ein. Wo sie einen Knick macht, liegt der gepflasterte Leinwebermarkt mit seinen für das 18. Jahrhundert typischen Fachwerkhäusern im bergischen Stil. Die alte Abteischänke aus dem Jahr 1784 (Nr. 7) trägt eingedenk der Nachkriegs-„Sanierung" der Altstadt die Inschrift „Gott schütze dieses Haus vor Not und Feuer, Stadtplanung und Steuer".
Zurück auf der Bungertstraße, erreichen wir an deren höchstem Punkt den Klemensborn. Vor uns erhebt sich die ehemalige Abtei.

Am Weg

Abteigebäude

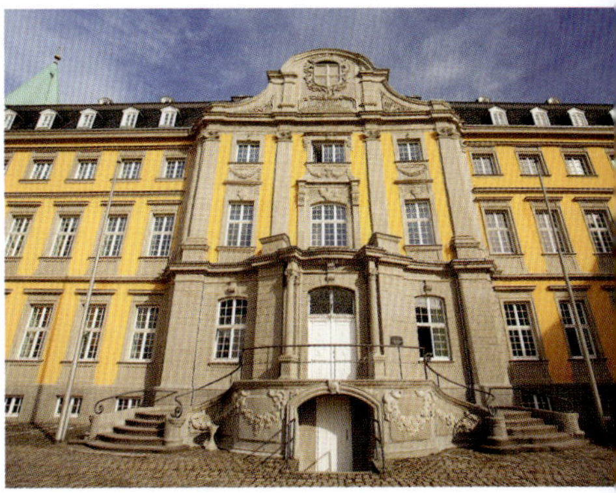

Sie und die dahinter liegende Basilika gehen auf das Jahr 799 zurück, als der später heiliggesprochene Liudger hier missionierte. 1802 fielen Stadt und Kloster Werden an Preußen.
Die neuen Landesherren bauten die barocken Abteigebäude zum Zuchthaus aus. Bis 1928 wurden viele der Insassen als billige Arbeitskräfte von den örtlichen Textilbetrieben beschäftigt. Im Zweiten Weltkrieg wurden hier Zwangsarbeiter eingesetzt, 1943 waren es allein bei den Werdener Feintuchwerken 170. Heute ist in der Abtei die Folkwang-Universität der Künste untergebracht.

Nach einem Rundgang durch den Abteihof gehen wir bergab, überqueren die zwei Arme der B224 (dazwischen liegt eine Altstadtinsel mit dem Ludgerusbrunnen) und gelangen am ehemaligen Werdener Rathaus in die Heckstraße.

Diese Straße lohnt sich komplett entlangzuspazieren: Hier liegen die evangelische Kirche mit ihrer Jugendstil-Ausmalung, der mittelalterliche Wohnbau Haus Heck, die tausendjährige Luciuskirche und das klassizistische Bürgermeisterhaus. In Nr. 18 können Sie auftanken in der letzten der einst 60 Kneipen Werdens, den Tuchmacher-Stuben.

Gegenüber von diesem Lokal biegen wir links in die Grafenstraße. Unter den schön restaurierten Altbauten der Fußgängerzone sei Nr. 59 erwähnt: Das Weberhaus von 1756 hat zwei verschiedene Geschosshöhen. In den beiden höheren Etagen in der linken Hälfte standen die großen Webstühle, zum Wohnen begnügte man sich mit den drei niedrigen Geschossen rechts.

Bummel Sie durch die Altstadt, am besten Richtung Ruhr. Auf dem gegenüberliegenden Ufer sehen Sie eine weiße klassizistische Villa mit maurischen Fenstern und schlankem Turm; sie gehörte dem Tuchfabrikanten Wiese, dessen Grab auf dem Friedhof hinter der Luciuskirche erhalten ist.

Abstecher

Brehminsel

Die Brehminsel ist der einzige im Fluss gelegene Stadtpark des Ruhrgebiets. Sie können sie vom Tretboot aus besichtigen – oder auf einem der Spazierwege. Die ehemalige Viehweide wurde ab 1902 im Stil eines englischen Landschaftsgartens bepflanzt. Nicht nur auf dem Spielplatz ist hier immer etwas los. Außer Freizeitsportlern trainieren auf dem Eiland zwischen der Werdener Altstadt und dem S-Bahnhof auch Folkwang-Profs, Hebammen und Werdens Lachyoga-Trainer mit ihrer jeweiligen Klientel.

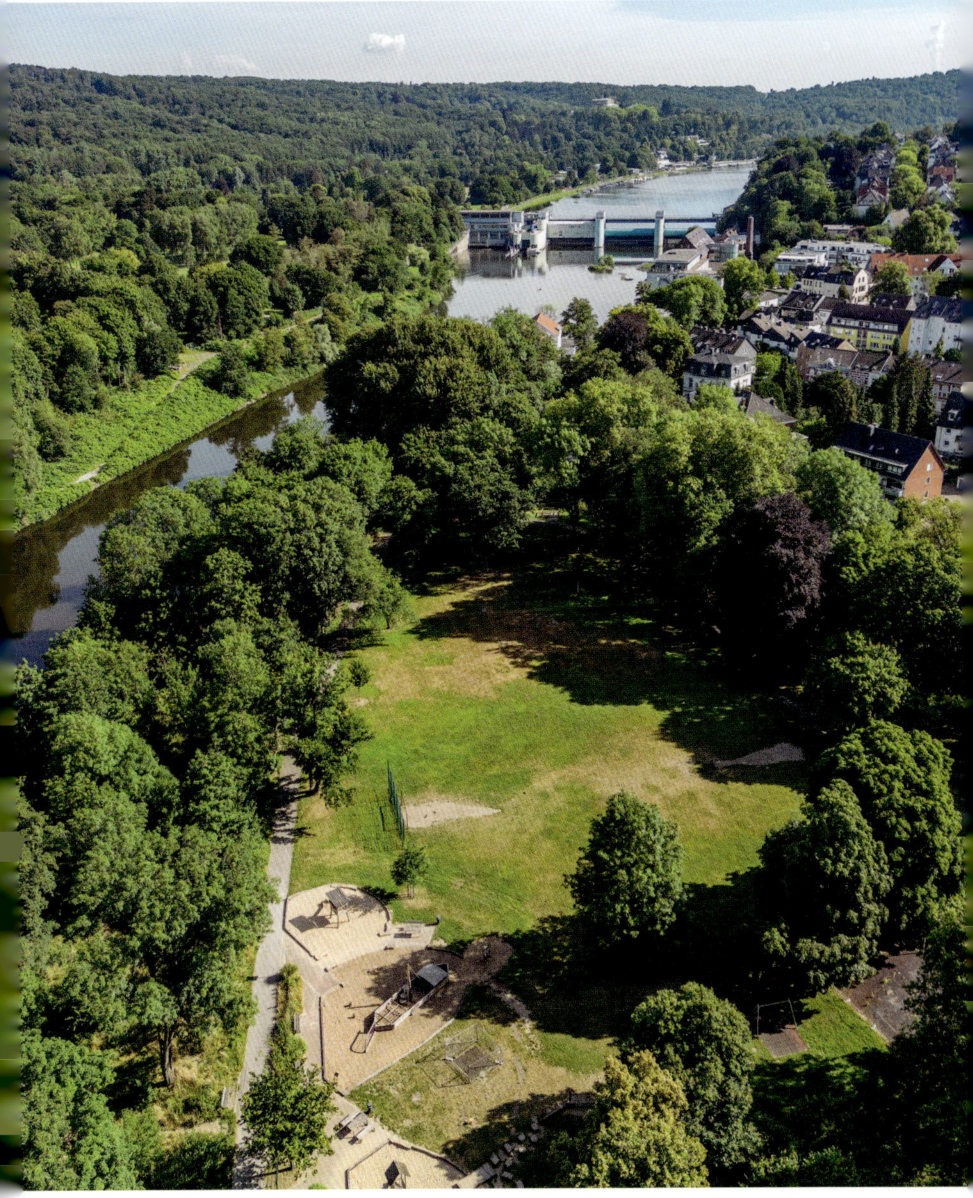

Blick über die Brehminsel ruhraufwärts: Unmittelbar vor dem Stauwehr sind Dach und Schornstein der Tuchfabrik Feulgen sichtbar.

Die Werdener Textilunternehmer Forstmann und Huffmann betrieben Verkaufsstellen selbst in Moskau und New York. Wie andere Industrielle taten sie sich hervor durch politische Aktivitäten, Investitionen in technische Neuerungen und soziale Wohltaten wie eine Abend- und Sonntagsschule für die in den Fabriken mitschuftenden Kinder.

Ihre Feintuchwerke schlossen 1964. Damit endeten 207 Jahre Tuchindustrie in Werden. Der Standort der Feintuchwerke ist heute Werdens größter Parkplatz.

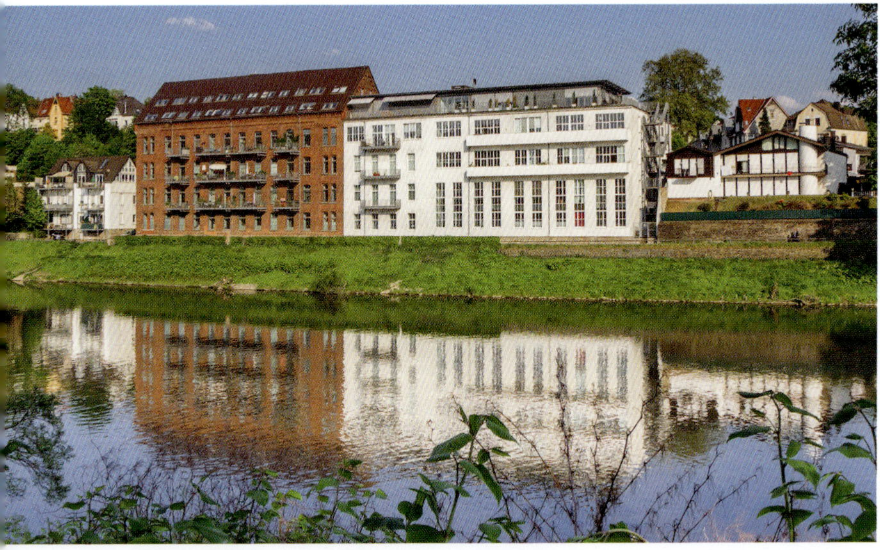

Die Gebäude der Tuchfabrik Feulgen liegen direkt am Ruhrufer.

Am Ruhrufer sollten Sie ein Stück flussaufwärts bummeln. Hier steht mit der Adresse Neukircher Mühle 25 die ehemalige Tuchfabrik der Gebrüder Feulgen. Der unverputzte, viergeschossige Backsteinbau von 1868 ist das letzte erhaltene Fabrikgebäude der Tuchmacherstadt Werden. Es diente ab den 1930er Jahren unter anderem als Matratzenfabrik und heute als Wohnanlage. Zurück durch die Altstadt geht es über die Brücke zum S-Bahnhof.

Tipp

Stoff- und Tuchmarkt

Seit 2007 lebt zweimal im Jahr die Tuchmachertradition in Werden auf: Im Frühjahr und Herbst füllen rund 100 Stände die Altstadt mit dem deutsch-holländischen Stoff- und Tuchmarkt.

Tipp

Wandersteige und Altstädte

Werden und Kettwig haben sich zu Hotspots des urbanen Wanderns entwickelt. Im Jahr der Grünen Hauptstadt Europas wurde 2017 der 25 Kilometer lange Baldeneysteig eröffnet. Bald folgte der Kettwiger Panoramasteig, er führt über Schuir 35 Kilometer nach Werden. Der Band „Urbane Steige in Essen“ aus der Reihe „Klartext aktiv“ beschreibt beide Strecken ausführlich. Dabei stehen anders als bei unserer Wanderung eher die Naturerlebnisse im Mittelpunkt als die industriekulturelle Spurensuche.
Durch die 15 schönsten Altstädte des Ruhrgebiets, darunter die von Kettwig und Werden, führt Sie der Band „Heimatschätze“ aus derselben Reihe.

Gastronomie

Alte Fähre
Zum 1867 erbauten Fährhaus an Kettwigs Ruhrbrücke gehört ein Biergarten mit Blick auf Scheidts Fabrik. Gute Küche!
https://alte-faehre.de

Tuchmacher-Stuben
In Werdens letzter Stadtteilkneipe gibt es Bier, Hausmannskost und seit 33 Jahren das Wirts-Ehepaar als analoge Medien, aber keine Webseite.

Kikas
Die traditionsreichste der drei Werdener Eisdielen in einem bildschönen Jugendstilgebäude, Sitzplätze auch am Ludgerusbrunnen.
www.kikas.de

Tour 7

- Startpunkt
- Zielpunkt
- Haltestelle
- Parkplatz
- Gastronomie
- Kunstobjekt
- Kulturstätte
- Industriekultur
- Naturerlebnis

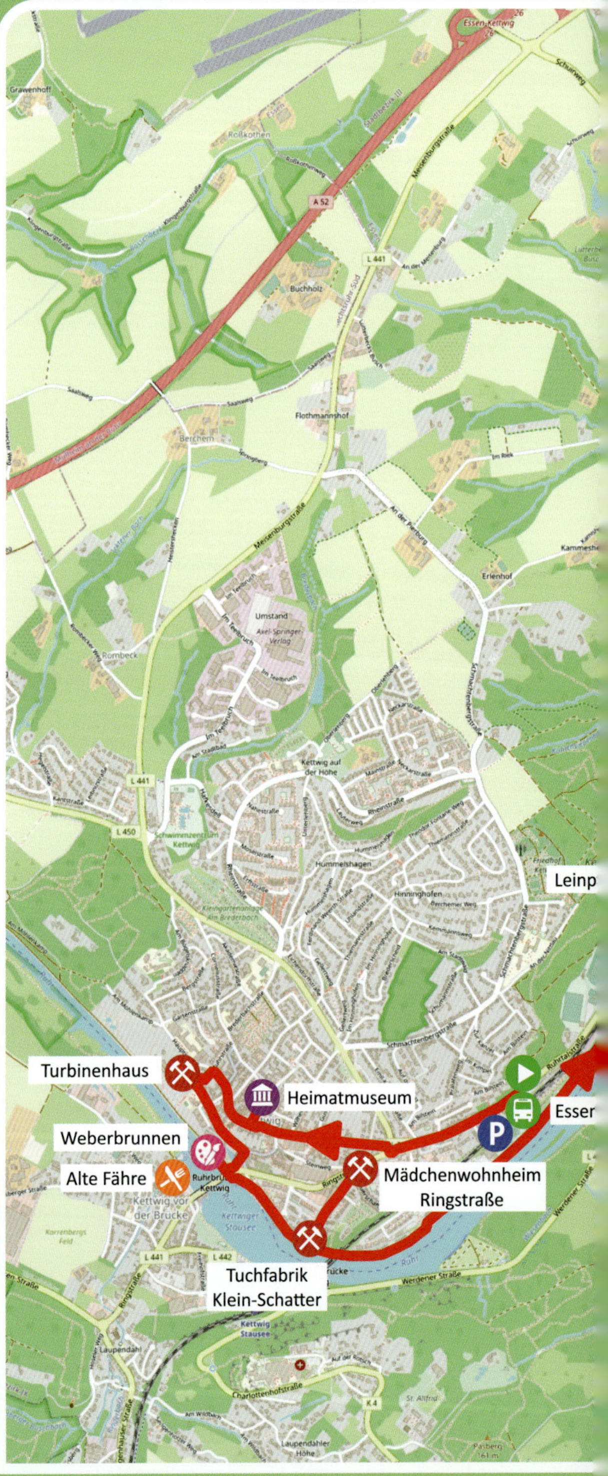

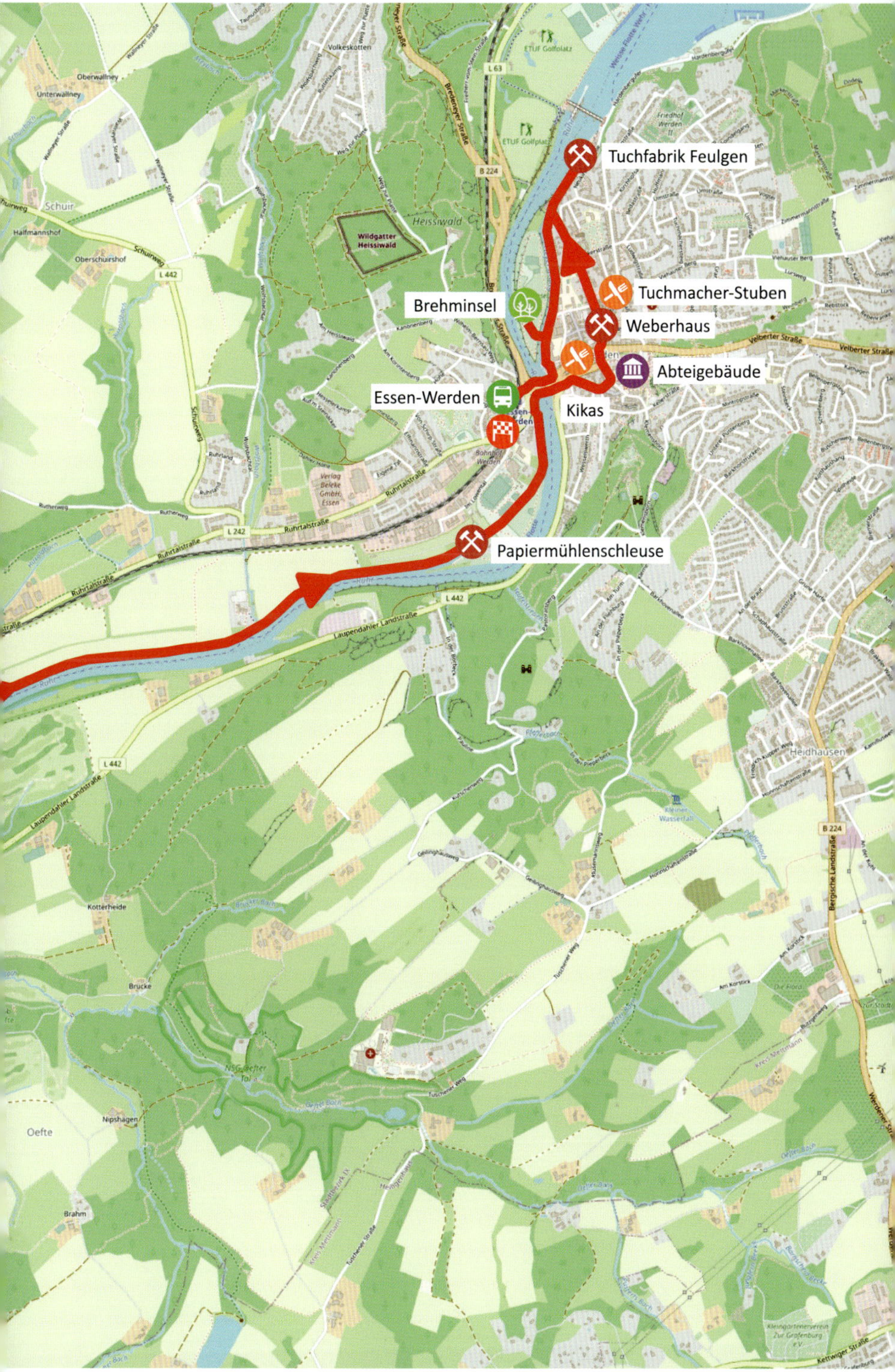
Tuchfabrik Feulgen
Tuchmacher-Stuben
Brehminsel
Weberhaus
Abteigebäude
Essen-Werden
Kikas
Papiermühlenschleuse

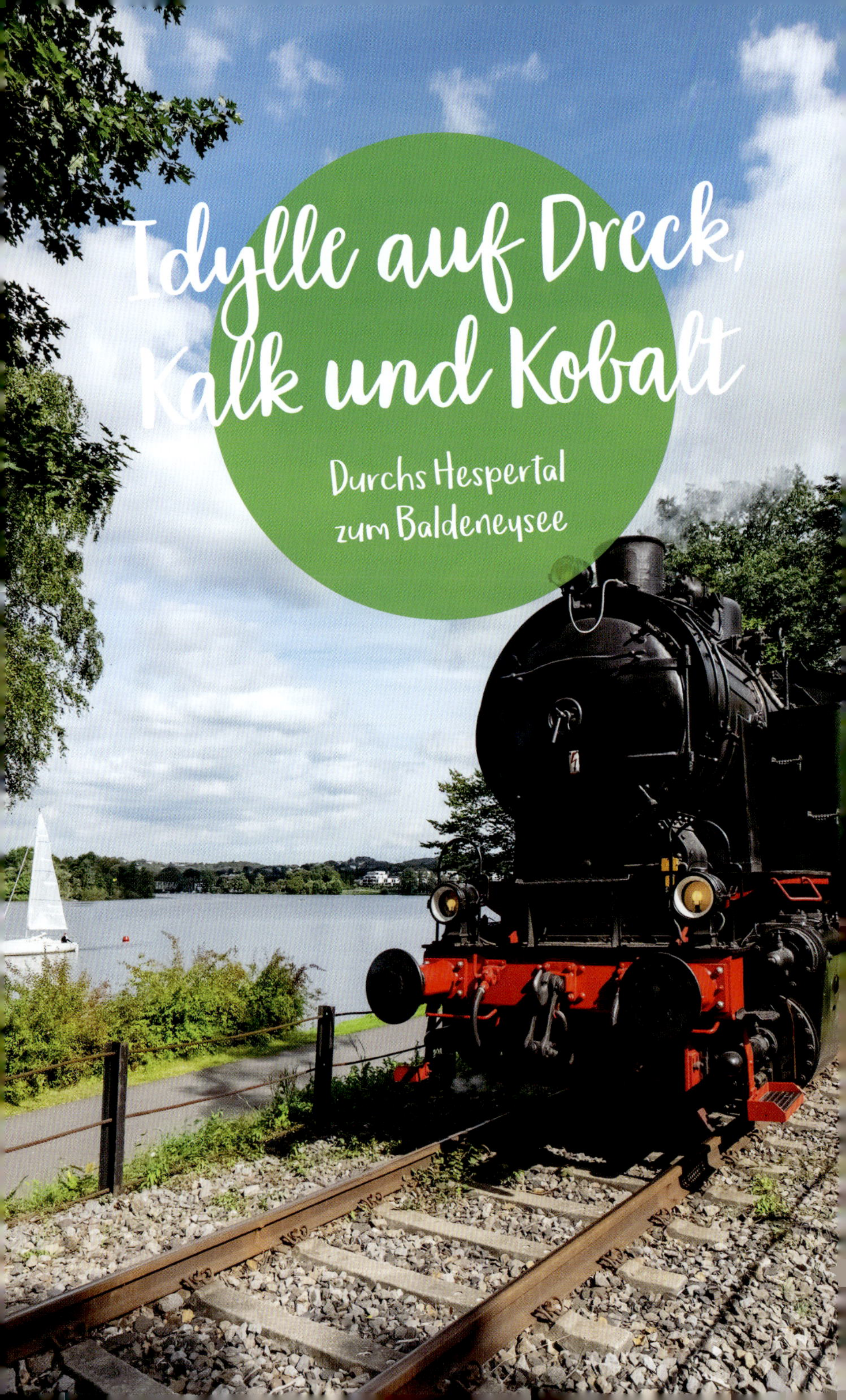
Idylle auf Dreck, Kalk und Kobalt
Durchs Hespertal zum Baldeneysee

Diese Wanderung verbindet Naturerlebnisse mit einer Vielfalt industriekultureller Relikte: Durch Wälder geht es über die Trasse der Hespertalbahn zum Baldeneysee, vorbei an Kleinzechen, einer Blaufarbenfabrik, Resten einer Ziegelei, Haus Scheppen und über die Halde Pörtingsiepen. In jede Himmelsrichtung bieten sich Abstecher an, der von uns vorgeschlagene führt zu industriekulturellen Zielen. Vom S-Bahnhof an der Werdener Ruhrbrücke bringen Busse Sie zurück zum Ausgangspunkt.

Tour 8

3:16 Std.

10,3 km

Start/Ziel: Sportplatz am Volkswald, Navi: Heidhauser Str. 133, 45239 Essen, Parken entlang der B224

Anreise mit ÖPNV: Bus 169, 180, 182, 192 oder SB19 bis Haltestelle Am Schwarzen, dann ein Stück bergauf

Wegbeschaffenheit: Waldweg, gut ausgebaute Wanderwege, Asphalt

Besonderheiten: Der Abstecher zur Bläufabrik verlängert die Tour um rund 3 km.

Wegbeschreibung: Wir starten am Volkswald. Er wurde nach dem Ersten Weltkrieg von der Bürgermeisterei Werden-Land angelegt und ist seither ein beliebtes Naherholungsgebiet. Werden bestand nicht nur aus dem Städtchen selbst, sondern auch aus „Werden-Land"; dazu gehörten unter anderem die kleinen Bauernschaften (hier Honnschaften genannt) Heidhausen und Hamm, wo wir heute starten.

Inmitten des Volkswalds wurde bis 2013 ein Sportplatz genutzt, auf der brachliegenden Fläche soll ein Waldkindergarten entstehen. An der asphaltierten Ecke des Platzes folgen wir dem Wanderzeichen „Weißes Dreieck" nach Osten in den Wald. Unter uns liegen die Stollen der Zechen Braut im Bremersbusch und Richradt, letztere ist seit 1578 beurkundet.

Spuren dieses frühen Bergbaus an der Ruhr sind längs des Weges zu entdecken, jedoch je nach Bewuchs meist nur für das geschulte Auge: Die kraterförmigen Vertiefungen etwa sind Pingen – Trichter, die durch den Einsturz alter Gruben entstehen.

Bergab durch den Buchenwald führt der unbefestigte Weg bis zur Hammer Straße. Die auffällige Buschgruppe inmitten der Weide rechts soll das Stollenmundloch einer Zeche überwuchern. An der nächsten Kreuzung können wir am ehemaligen Wirtshaus „Hespertal" entweder einen Abstecher nach rechts in die Straße Hespertal machen oder nach links in die Straße Pörtingsiepen einbiegen.

Abstecher

Bläufabrik und Zeche Hermann

Von der Kreuzung Hesperbrück erreichen wir parallel zur Straße Hespertal anderthalb Kilometer Richtung Süden die Bläufabrik und die Zeche Hermann. 1773 entstand im Hespertal eine Blaufarbenfabrik. In einer Wassermühle wurde bis 1854 aus Kobalterzen und Alaun Farbpulver produziert. Alaun stammte aus Lagerstätten im Hespertal; die hiesigen Kobaltvorkommen waren bald erschöpft, Nachschub kam aus dem Wittgensteiner Land. „Kobaltblau" war sehr begehrt, färbte Stoff, Papier, Glas, Emaille,

Sklavenkittel und im niederländischen Delft die berühmte Keramik. Das Werksgebäude in der rechts abzweigenden Straße An der Bläufabrik ist heute ein Wohnhaus, die Jahreszahl 1797 noch zu erkennen. Auf den Untergeschossen aus Bruchstein sitzt das Obergeschoss in Fachwerk.
An der gegenüberliegenden Straßenseite lag die Kleinzeche Hermann. Sie war nur von 1948 bis 1964 in Betrieb. Zwischen 16 und 192 Bergleuten arbeiteten hier – und Grubenpferde, die nie Tageslicht sahen. Die Bläufabrik diente eine Zeit lang als Waschkaue. Auf Hermann wurde Magerkohle gefördert, die nicht für Lokomotiven, aber als Hausbrand geeignet war. Zwar ist der größte Teil des Geländes eingeebnet. Doch zwischen dem Bewuchs sind östlich der Straße noch Gebäudereste einer Küche erhalten. Das auf der Westseite einzeln stehende Gebäude Nr. 50 war das Steigerhaus.

Rund um die „Hesperbrück“ genannte Kreuzung Hammer Straße/Pörtingsiepen/Hespertal gab es mehrere frühindustrielle Anlagen. Wer dem grünen Tal des Hesperbachs folgt, kann im heutigen Idyll etliche Überbleibsel davon entdecken.

Der Bach trieb Mühlen und Eisenhämmer an. In den Waldhängen wurde Steinkohle abgebaut. Die Hespertalbahn transportierte Erze, Kalk, Kohle und Kumpel. Sie verkehrte bis zur Zeche Pörtingsiepen an der Ruhr. Das Bruchsteinhaus vor uns war der Lokschuppen am Endbahnhof der Bahnstrecke. Vor dem Parkplatz biegen wir rechts ab und folgen dem parallel zur Straße verlaufenden Wanderweg. Dies ist die ehemalige Bahntrasse.

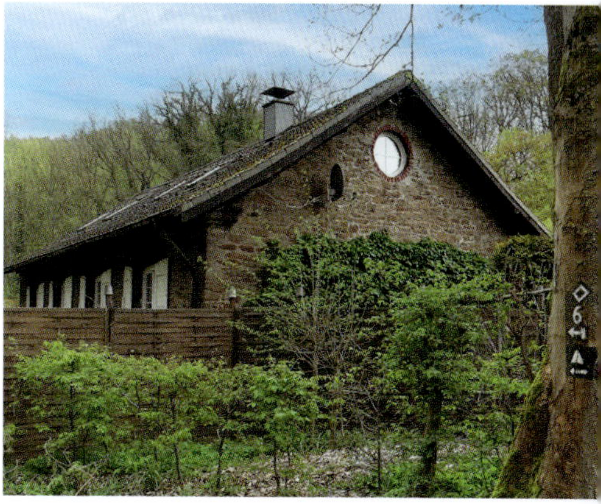

Der Lokschuppen wurde zum Wohnhaus.

Info

Hespertalbahn

Seit 1853 zogen Pferde die Wagen mit Erzen aus Velberter Gruben zur Phönixhütte in Kupferdreh. Bei Hesperbrück gab es eine Kalkbrennerei, deren Produkt zu den Phönix-Hochöfen transportiert wurde. Als dritter Rohstoff kam Kohle dazu. Die Transportstrecke war zunächst schmalspurig und wurde 1877 auf Normalgleis umgespurt. Nun zogen Dampflokomotiven die Züge bis zur Zeche Pörtingsiepen.
Zeche und Bahnstrecke wurden Ende 1972 stillgelegt. Seit 1976 verkehren auf der Teilstrecke zwischen dem alten Bahnhof Kupferdreh und Haus Scheppen die historischen Fahrzeuge als Museumsbahn. Das ist nicht nur zur Sommerzeit ein nostalgisches Erlebnis, auch die adventlichen Fahrten des „Nikolaus-Express" sind bei Familien sehr beliebt. Ehrenamtler betreiben die Strecke, warten und fahren die Diesel- und Dampfloks. Den Filmemachern des Fernseh-Mehrteilers „Babylon Berlin" waren sie authentisch genug für einen Gastauftritt.
www.hespertalbahn.de

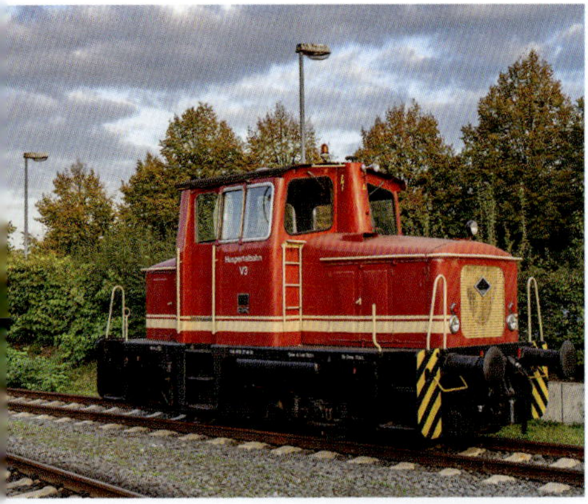

Historische Lokomotiven im Hespertal

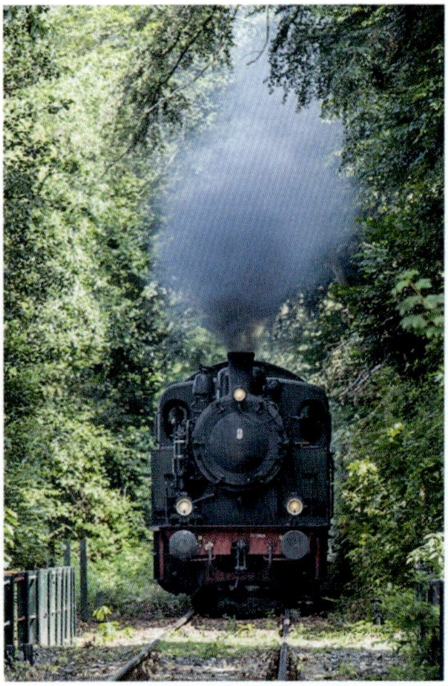

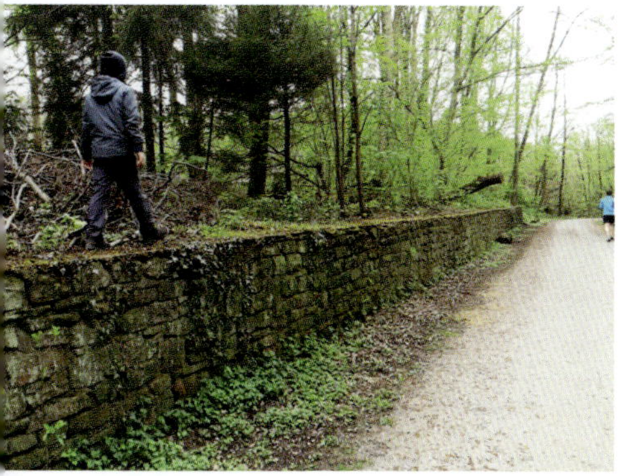

Bald wird der Weg links von einer langen Bruchsteinmauer begrenzt. Sie ist ein Überbleibsel der Ringofenziegelei, die von der Velberter Gewerkschaft (heute würde man sagen: Bergbau-Kapitalgesellschaft) Stolberg errichtet wurde. An der Kreuzung Hesperbrück betrieb sie zuvor drei Kalktrichteröfen. Der gebrannte Kalk wurde in der Zementherstellung, als Dünger und in der Eisenhütte Phönix als Zuschlagstoff verwendet. 1914 schloss die Hütte, die Ziegelei 1971, die Zeche Pörtingsiepen 1972.

Wo die Mauer endet, strömt eine rostrote Einleitung in den Hesperbach. Überall hier im Boden verborgen sind Schächte früher Zechen. Einer trug den bezeichnenden Namen Dreckbank. Er gehörte später zur 1910 abgesoffenen Zeche Richradt – wie auch die Bahnbrücke, die wir nun unterqueren.

An der nächsten Bruchsteinmauer lohnt sich ein Schlenker nach links ans Bachufer. Leider gibt es dort keine Sitzgelegenheit.

An der Weggabelung folgen wir dem Wanderzeichen „Weißes Z“ nach rechts. Die asphaltierte Margrefstraße kreuzt unseren Weg, hier war einst ein Bahnsteig für den Personenverkehr. Rechts am Hang steht in einem Privatgarten eine Lore.

Halblinks führt der Weg auf das renaturierte Gelände einer Zeche, von der oberirdisch nur die Seilscheibe des Förderturms blieb: Pörtingsiepen (der Name wurde im Laufe der Zeiten mal mit zwei, mal mit einem s geschrieben). Bis zu 1.261 Bergleute arbeiteten hier, 37 Hektar belegte das Betriebsgelände. Es ist schön grün dort, aber kaum etwas erinnert an die Zeche, die fast 200 Jahre lang das Südufer der Ruhr prägte.

Darum halten wir uns rechts und erreichen die erhaltenen Gleise der Hespertalbahn. Wir überqueren sie und wandern auf dem Kamm der 15 Meter hohen bewaldeten Halde Pörtingsiepen entlang. Hier oben sind oft Fossiliensammler unterwegs auf der Suche nach Abdrücken 300 Millionen Jahre alter Pflanzen. Rechts unter uns liegen zu beiden Seiten der Hespertalbahntrasse überwucherte Bergbaurelikte. Der alte Fachwerkhof südwestlich der Bahnstrecke heißt Luxkotten, dort können Sie Honig vom Imker kaufen. Rechts voraus steht ein Beton-Unterstand, der im Zweiten Weltkrieg den Eisenbahnern Schutz bei Fliegerangriffen bot.

Wir erreichen das Hardenbergufer und biegen links ab Richtung Werden. Die ersten 600 Meter geht es entlang der Seeseite der Halde. An Haus Scheppen befindet sich ein Haltepunkt des rollenden Museums Hespertalbahn. Haus Scheppen ist erst seit der Aufstauung des Baldeneysees 1933 eine Wasserburg; damals wurden Bergleute der Zeche Pörtingsiepen einquartiert. Das Wasser tut der mittelalterlichen Anlage nicht gut, Teile sind eingestürzt. Hier ist ein

Am Weg

Blick auf Zeche Carl Funke

Am gegenüberliegenden Heisinger Ufer ragt das Strebengerüst des Förderturms der Großzeche Carl Funke auf. Sie schloss sich 1967 mit Pörtingsiepen zusammen, unter dem See traf man aufeinander. 1973 endete die Förderung. Außer dem Turm blieben über Tage das Pförtnerhaus und eine kleine Zechenkolonie erhalten.

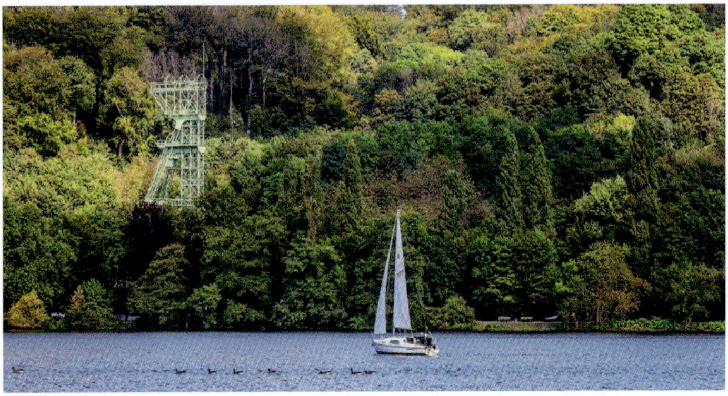

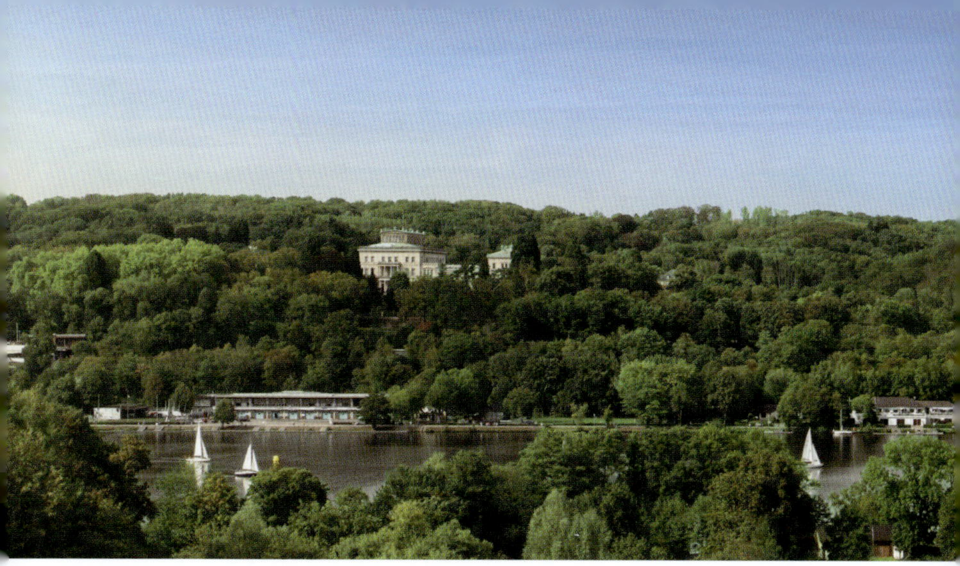

Vom Ruhrufer ergeben sich schöne Ausblicke über den See auf Villa Hügel.

beliebter Bikertreff, ringsum parken oft hunderte Motorräder. Verborgen im Wald liegen auf dem gegenüberliegenden Ufer die Ruine der Isenburg und auf unserer Seite vermauerte Stollenmundlöcher. Wenn Krupps Villa Hügel vis-à-vis ins Blickfeld kommt, haben wir schon fast das Stauwehr des Baldeneysees erreicht; Sie können es überqueren, falls Sie einen Abstecher ans andere Ufer machen möchten. Anderenfalls folgen Sie dem Ruhruferweg bis nach Werden. Die dortigen Sehenswürdigkeiten sind in Kapitel 7 beschrieben. Busse bringen Sie zum Ausgangspunkt unserer Wanderung.

Gastronomie

Frittenschmiede
Hausgemachte Fritten und Schnitzel aus der Pfanne in der alten Schmiede an der Heidhauser Straße beim Volkswald-Sportplatz.
www.fritten-essen.de

Imbiss-Stände am Bikertreff
Am Haus Scheppen treffen sich Motorrad- und Wanderfans, darum haben sich hier Imbisse angesiedelt. . Bei Sonnenschein: voll und entsprechend laut.

Seecafé Lujo
Öffentliche Gastronomie des Ruderclubs zwischen Haus Scheppen und Stauwehr mit Blick auf Villa Hügel.
www.instagram.com/lujo.baldeneysee

Tour 8

Startpunkt

Zielpunkt

Haltestelle

Parkplatz

Gastronomie

Sehenswürdigkeit

Kulturstätte

Industriekultur

Naturerlebnis

Fotospot

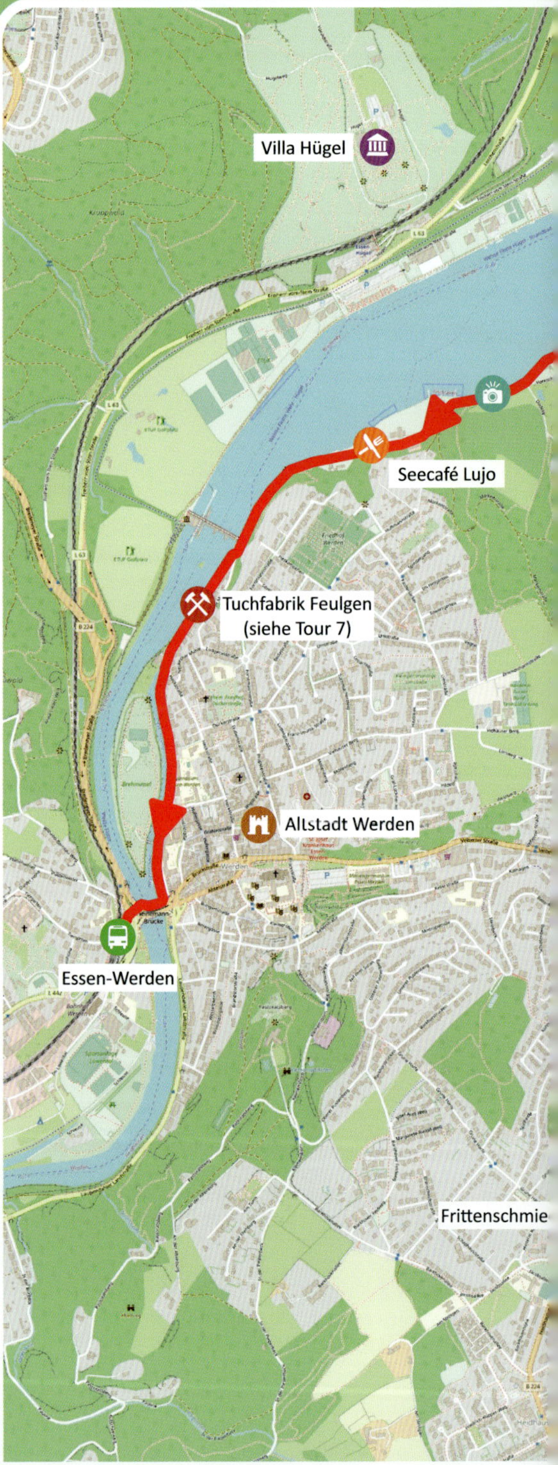

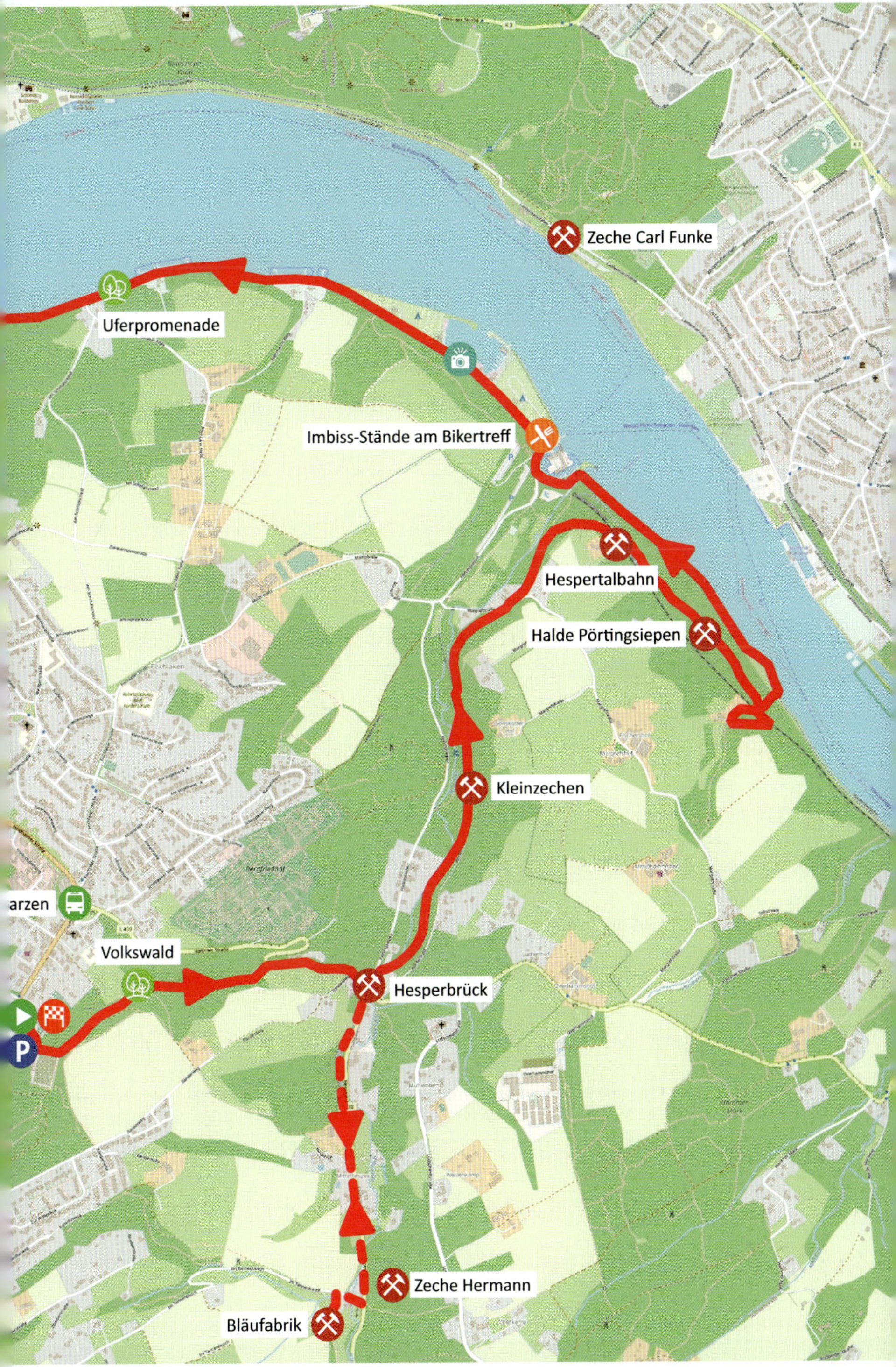

Zeche Carl Funke
Uferpromenade
Imbiss-Stände am Bikertreff
Hespertalbahn
Halde Pörtingsiepen
Kleinzechen
arzen
Volkswald
Hesperbrück
Zeche Hermann
Bläufabrik

Zeitreise zur Frühindustrie

Museumslandschaft Deilbachtal

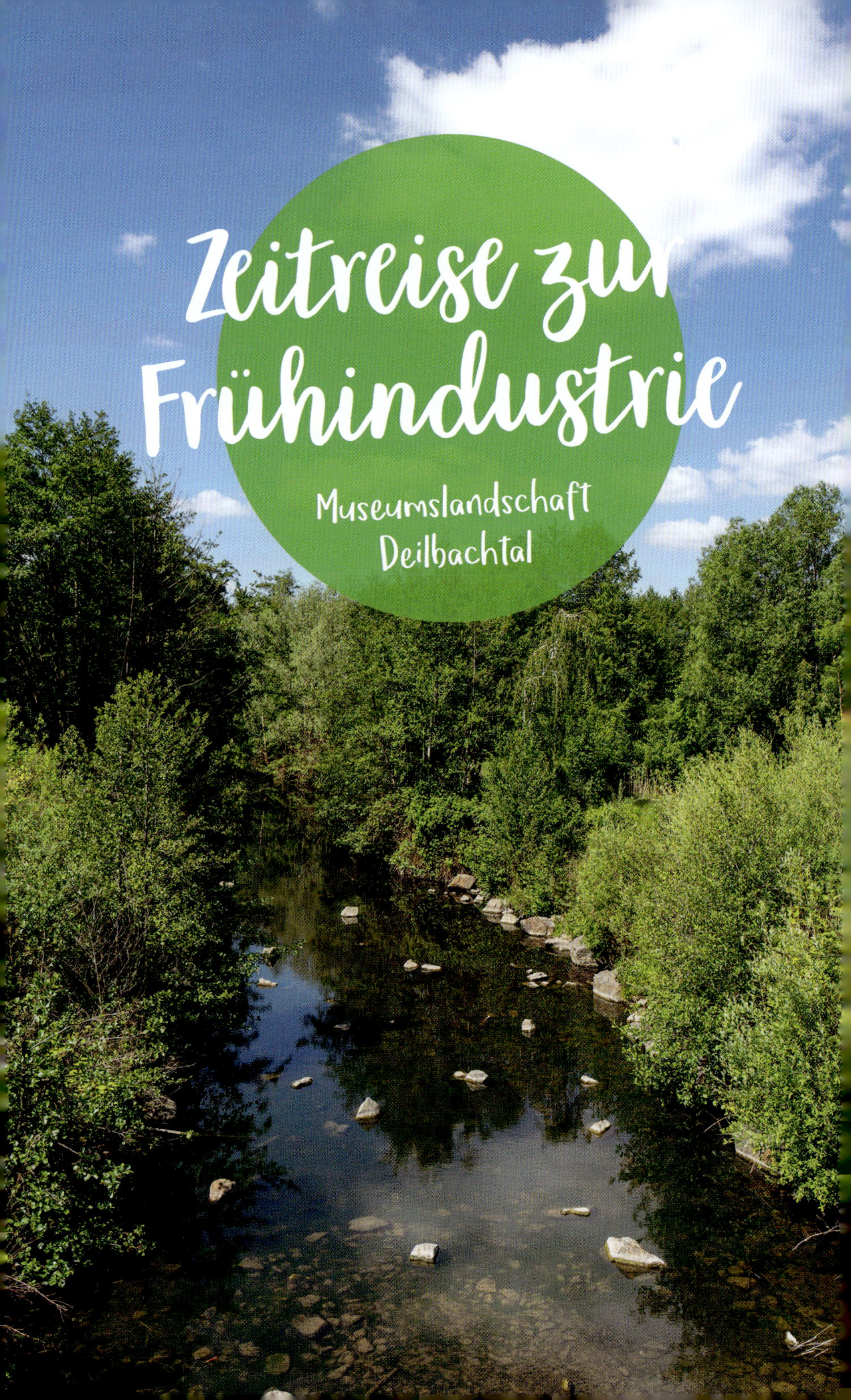

Dies dürfte das erste Buch sein, in dem Sie den Deilbachsteig finden – denn der wurde erst im Juni 2023 eingeweiht. Er ist Essens vierter Wandersteig nach Baldeneysteig, Kettwiger Panoramasteig und Zollvereinsteig. Statt die gesamten 33 Kilometer zu laufen, beschränken wir uns auf eine Etappe, nämlich den Abschnitt mit der höchsten Konzentration an industriekulturellen Sehenswürdigkeiten. Er führt wie eine Zeitreise am Deilbach entlang durch eine frühindustrielle Museumslandschaft von Essen-Kupferdreh bis zur Hattinger Stadtgrenze und kombiniert lauschige Waldwege mit Stätten harter Maloche.

Tour 9

3:16 Std.

10,3 km

Start/Ziel: S-Bahn-Haltepunkt Essen-Kupferdreh (Park-and-Ride-Platz), Navi: Hofstraße 1, 45257 Essen

Anreise mit ÖPNV: RE49, S9 oder Busse 141, 153, 155, 177, 180 bis Haltepunkt Essen-Kupferdreh

Wegbeschaffenheit: Gut markierte, anspruchsvolle Tour mit z. T. steilen Steigungen. Bürgersteige, Wander- und enge Waldwege; lange Beinkleider unerlässlich.

Besonderheiten: Der Deilbachsteig umfasst zwei weitere Teilstrecken von je ca. 10 km zur Hattinger Isenburg und rund um Velbert-Langenberg.
www.visitessen.de/essentourismus_tourismusinformation/wandern_in_essen/deilbachsteig.de.html

Wegbeschreibung: Vom Ausgangspunkt überqueren wir den Kupferdreher Marktplatz und folgen der Kupferdreher Straße ein Stück nach Südosten. Am Weg liegen schmucke Gründerzeitgebäude, darunter das denkmalgeschützte der Karl-Funke-Stiftung. Der Zechenbaron Carl Funke schenkte es der Kirchengemeinde. Warum es ein K statt des C im Namen trägt, muss hier unerforscht bleiben. Der neoromanische Bau von 1903 ist nun in Privatbesitz.

Um dem Hauptstraßenverkehr zu entgehen, überqueren wir dem Wanderzeichen folgend in Höhe von Hausnr. 218 erstmals nach rechts den Deilbach.

Info

Deilbach

Der Bach entspringt in Wuppertal und mündet nach 21 km in die Ruhr. Er bildete die Grenze zwischen den Gebieten von Sachsen und Franken, was sich bei deren Nachfahren fortsetzte und bis heute eine Sprachgrenze bildet: Westlich des Bachs wird Rheinisch gesprochen, östlich davon Westfälisch. Das Gewässer wurde nach den Erfordernissen der Industrie verlegt und verrohrt, in den letzten Jahren aber abschnittsweise renaturiert.

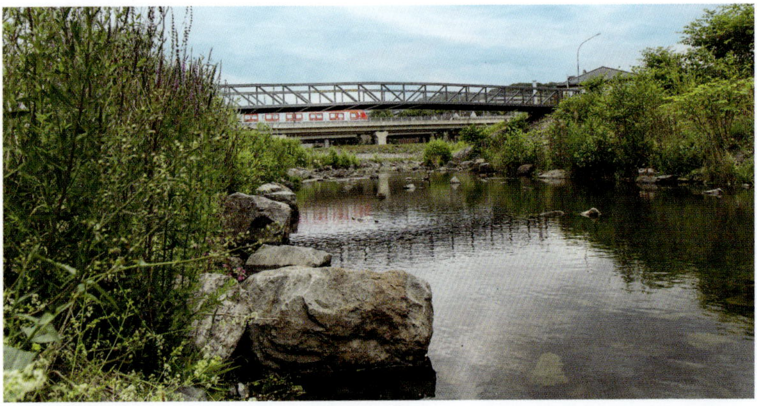

Hinter der Brücke und am Bahnübergang gehen wir jeweils nach links. Dann biegen wir nach rechts ab zurück auf die Kupferdreher Straße und unmittelbar vor dem ehemaligen Kupferdreher Rathaus von 1880 (Hausnr. 251) nach links auf einen Nebenweg.
Unter einem Blätterdach folgen wir auf schmaler und steiler werdenden Pfaden dem Höhenkamm am Nordufer des Bachs. Vom Wasser trennen uns ein Abhang und die Straße. Wo der Weg nach Osten abknickt, bietet sich eine Lichtung zur Rast unter Buchen an.
Unter uns liegt an der Nierenhofer Str. 10a unser erstes industriekulturelles Ziel. Der Bach trieb zahlreiche Mühlen und Anlagen zur Metallverarbeitung an. Zusammen mit Ziegeleien und Zechen bildete sich ein Gewerbegebiet aus, das heute als Museumslandschaft Deilbachtal unter Denkmalschutz steht.

Am Weg

Kupferhammer

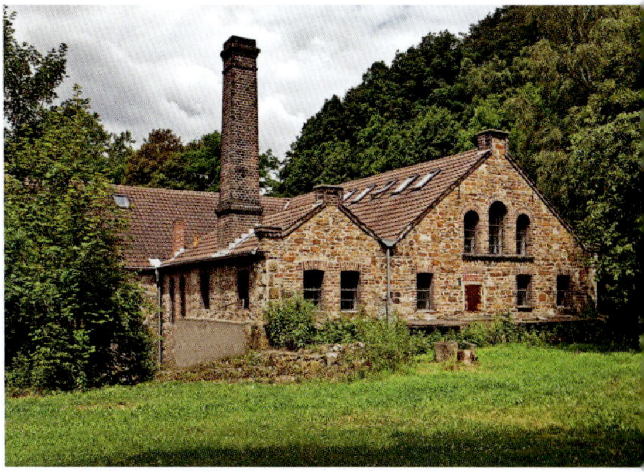

An diesem Standort wurde fast 400 Jahre lang bis 1940 ein Hammerwerk zur Kupferverarbeitung betrieben. Seine Blüte erlebte es Mitte des 19. Jahrhunderts, als die Umstellung auf Turbinen und Dampf einen Produktivitätsschub bescherte. Aus dieser Zeit stammen die noch bestehenden Bruchsteinbauten: Wohn- und Hammergebäude, Kessel- und Kutschenhaus. Seit 1996 ist hier wieder eine Werkstatt für Metallgestaltung ansässig. Auf der Wiese sind einige Gerätschaften des Hammerwerks ausgestellt, die der Verschrottung entgingen.

Osten bleibt unsere Generalrichtung. Wir folgen dem gut markierten, aber zum Teil halb zugewucherten Pfad, passieren einen Sandsteinbruch und einen Kleinstbunker. Der Betonunterstand diente wohl als Schutzraum für den Leiter des Kriegsgefangenenlagers auf dem heutigen Sportplatz.

Der Steig führt in Höhe des Eisenhammerwegs auf die Nierenhofer Straße. Bevor wir die nächste Straße nach links nehmen, ihr Name lautet Deile, werfen wir einen Blick auf die Deiler Mühle (Hausnr. 24). Essens älteste Wassermühle wurde bereits 1522 urkundlich erwähnt, verfügt noch über historisches Maschineninventar, kann aber nur von außen besichtigt werden.

Der Straße Deile müssen wir nordwärts hart an der Fahrbahn folgen, doch nach wenigen hundert Schritten können wir nach rechts auf den Waldweg abbiegen und auf der ersten Sitzbank dieser Tour verschnaufen.

Wir folgen den Markierungen des Steigs durch den Wald. In einer Spitzkehre nach rechts verdeckt auf der linken Seite ein Dschungel aus Knöterich den Blick auf unser nächstes Ziel. Wir erreichen es, indem wir wenige Meter weiter die erste Abzweigung spitz links nutzen für einen kurzen Abstecher.

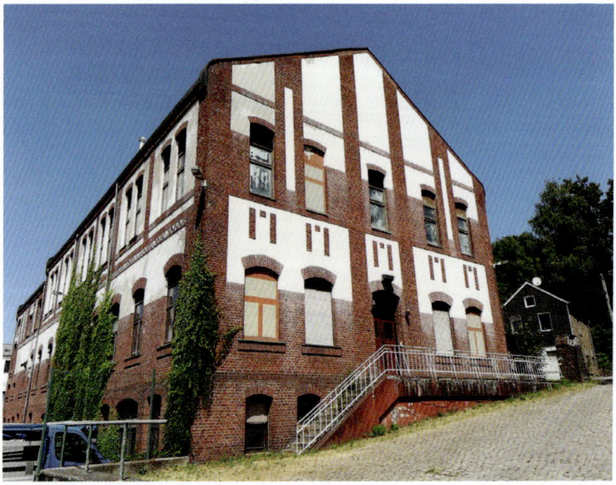

Für das Verwaltungsgebäude der Zeche Victoria fand sich keine neue Nutzung.

Das verwunschene Bruchsteingemäuer, das da am Hang der waldbewachsenen Halde Victoria sechs Meter hoch aufragt, ist kein mittelalterlicher Rapunzelturm. Es handelt sich vielmehr um den Sockel eines Wetterkamins, der von etwa 1890 bis 1913 in Betrieb war. Er diente der Bewetterung der Schächte der Zeche Victoria.
Victoria entstand 1857 aus mehreren Kleinzechen. Die Förderung endete 1925. Einige Gebäude blieben erhalten, die meisten davon suchen wir nun auf.
Der Steig führt uns ein letztes Mal zur Nierenhofer Straße. Ab da werden wir eine Weile ohne Wegmarkierung auskommen. Wir biegen nach links ab und laufen auf das Byfanger Gewerbegebiet zu. Das schöne große Gebäude längs der Straße ist unser Hauptziel.

Am Weg

Zeche Victoria

Dies war das Verwaltungsgebäude der Zeche Victoria. Man erkennt zwei Bauteile: Im niedrigeren waren Lohnhalle und Büros untergebracht, im höheren die Kaue. Die Bauherren ließen sich 1910 nicht lumpen, die Fassaden sind reich strukturiert mit Gesimse, Putzflächen, Ziegelstreifen und Giebeln. Der Komplex steht leer.
Wir machen einen kleinen Abstecher ostwärts bis zur nächsten Einmündung und biegen links in die Kohlenstraße ab. Die Häuschen links (Nr. 376 und 374) wurden von Zechenbeamten bewohnt. Gegenüber liegt ein vergittertes Stollenmundloch. Es gehörte zur Zeche Freundschaft, die 1864 mit Victoria vereinigt wurde. Inschriften geben die Jahreszahlen 1857 und 1925 an.
Wir gehen von Hattinger Stadtgebiet die paar Meter zurück zum Verwaltungsgebäude. Auf dessen Rückseite liegt ein Parkplatz. Wo er an die Straße grenzt, sehen Sie das Mundloch des Himmelscroner Erbstollens. Er wurde um 1847 in den Berg getrieben und verläuft unterhalb der Straße. Die Ummauerung ist modern, aus der Vergitterung weht ein frisches Lüftchen. Gegenüber am Zaun vor der Bahnlinie markiert ein Schild den Schacht 2.

Am Westende des Parkplatzes erreichen wir die Hundebrücke. Ab hier folgen wir wieder den Markierungen des Deilbachsteigs.

Am Weg

Hundebrücke

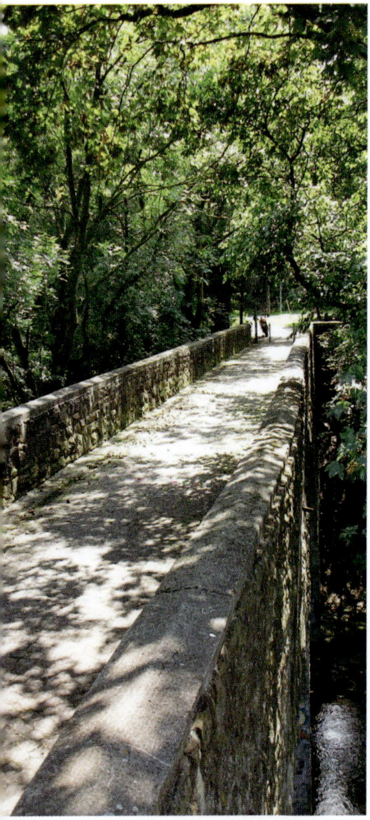

Wir überqueren die Hundebrücke. Das Bauwerk besteht teils aus Sandsteinbögen, teils aus Stahlgitterträgern. Der erste Abschnitt überspannt den Bach, der zweite die Geleise. Heute verkehrt hier die S9. Damit niemand von der Brücke fällt, wurden an beiden Seiten hohe Glasscheiben montiert.

Die Strecke wurde 1831 eröffnet unter dem Namen Prinz-Wilhelm-Eisenbahn. Die Brücke entstand wohl einige Jahre später, als die Bahn vom Pferde- auf Dampfbetrieb umstellte. Verladen wurde der Sandstein eines benachbarten Steinbruchs auf schmalspurige Kleinwaggons, „Hunde“ genannt.

Abstecher: Am Südufer nach links gelangen wir nach 300 Metern über den Voßnacker Weg zu den pittoresken Überbleibseln einer Ziegelei. Ihren leicht krummen, 53 Meter hohen Schornstein haben wir schon von Victoria aus gesehen. Die Ziegelei war von 1899 bis zum Zweiten Weltkrieg in Betrieb. Ihre verfallenden Backsteingebäude sind in Privatbesitz und abgesperrt.

Nachdem wir die Hundebrücke passiert haben, nehmen wir den Radweg nach rechts und wandern parallel zum Bachufer gen Westen. Nach einem halben Kilometer erreichen wir eine Außenstelle des Ruhr Museums.

Am Weg

Deilbachhammer

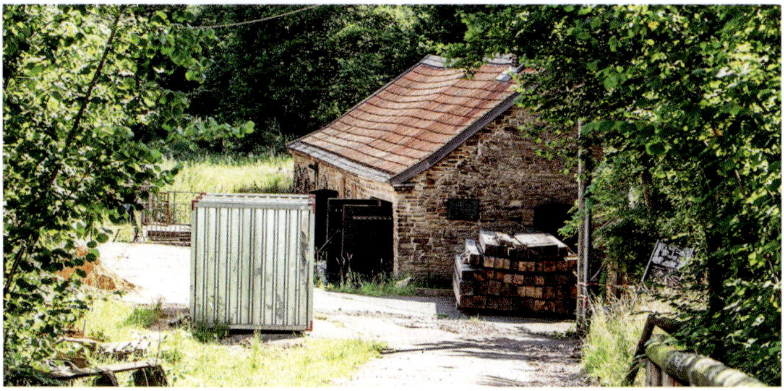

Rechts des Weges liegt der Deilbachhammer. Er ist der letzte Eisenhammer, der auf Essener Stadtgebiet am Originalstandort bewahrt blieb. Erhalten sind auch große Teile der Maschinenausstattung. Dazu gehören die beiden Hämmer, die mit bis zu 300 Schlägen pro Minute Eisen für Werkzeuge und Büchsen schmiedeten.

Der Hammer wurde 1917 stillgelegt, später unter Denkmalschutz gestellt und mehrfach saniert. Aktuell ist das wieder notwendig, weil das Hochwasser von 2021 große Schäden angerichtet hat. Darum ist die Anlage derzeit nicht zu besichtigen.

Von außen zu sehen sind das geduckte Hammergebäude, das Haus des Hammermeisters und ein Arbeiterhaus. Sie stammen alle aus der Zeit um 1800.

Zurück am Weg, laufen wir an einem Francisrad vorbei: einem Wasserlaufrad, das von 1929 bis 1996 Dienst tat. Es steht am Standort des abgerissenen Kohlekraftwerks Kupferdreh vor den Neubauten der Kraftwerksschule, wo Fachleute zum Thema Energiegewinnung geschult werden.

Abstecher: Folgen wir der Straße Deilbachtal weiter nach Nordwesten, erreichen wir ein Gewerbegebiet aus Steinwerken und ehemaligem Bergbaugelände. Stilvoll wirkt das Verwaltungsgebäude der Zeche Heinrich, heute ein Pflegeheim (Hausnr. 40).

Wir biegen nach Westen ein in die Straße Leth und auf Wege, die durch das liebliche Asbachtal führen, ein Naturschutzgebiet an der Grenze zu Velbert. In einem Bogen führt der Deilbachsteig nun nach Norden durch den Kupferdreher Ortsteil Dilldorf, quert die A44 und das Neubaugebiet „Dilldorfer Höhe" auf dem Gelände der ehemaligen Ruhrland-Kaserne.
Nach Norden geht es auf unseren Ausgangspunkt zu. Zuvor haben wir nach links einen Blick auf die Mündung des Deilbachs in die zum Baldeneysee gestaute Ruhr. Die große Stahlfachwerkbrücke wurde 1872 als Bahnbrücke eingeweiht, heute ist sie Fuß- und Radverkehr vorbehalten..

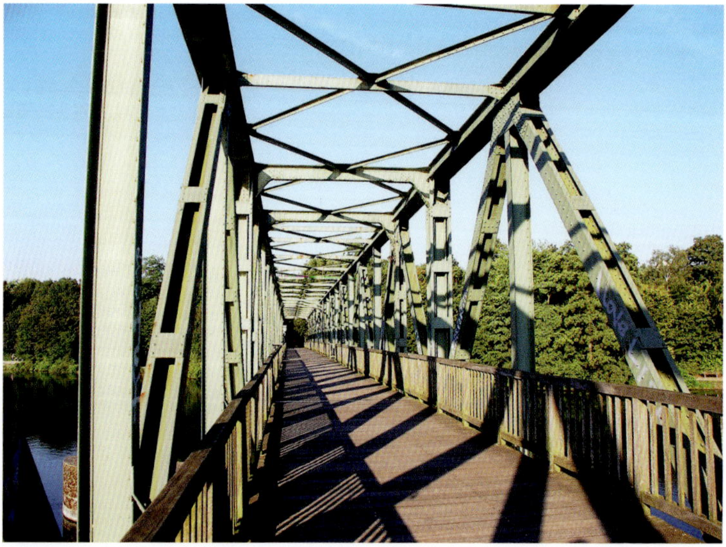

Unsere Wanderung endet am Königlich-Preußischen Bahnhof zu Kupferdreh. Das historische Gebäude wurde charmant restauriert und dient heute gastronomischen Zwecken. In Sichtweite liegt der Schuppen der Hespertalbahn, über die Sie im Kapitel 8 mehr erfahren. Von hier müssen Sie nur die Bahnstrecke unterqueren, um zum Ausgangspunkt zu gelangen.

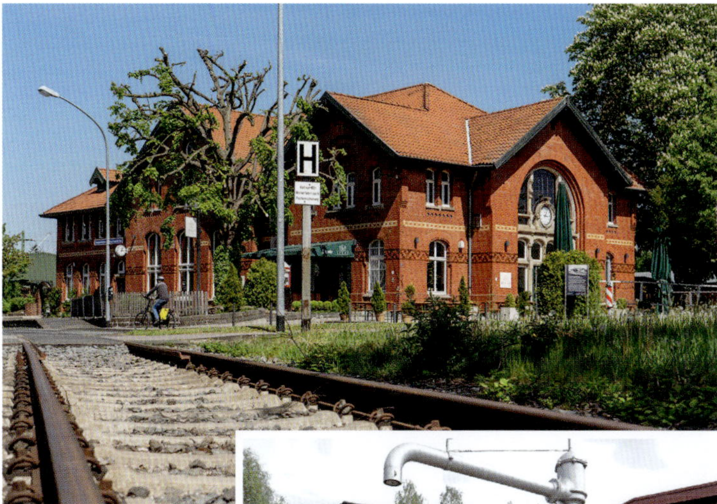

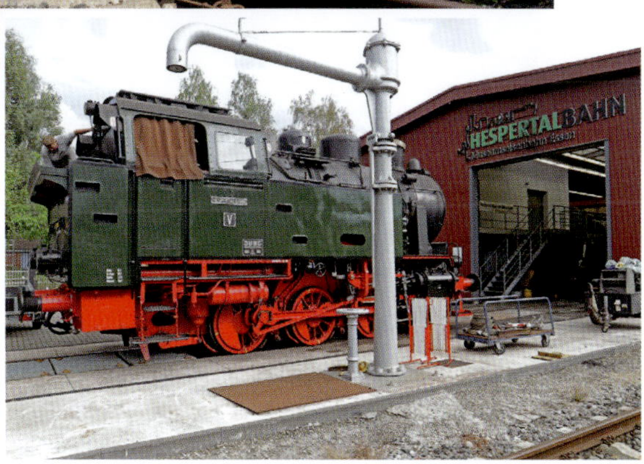

Das Bahnhofsgebäude in Kupferdreh wurde 1898 fertig, der Lokschuppen 2015.

Gastronomie

Eiscafé Plückthun
Ein halbes Jahrhundert Erfahrung, beste Qualität, 80 Sorten (auch laktosefrei), das Anstehen in Kupferdreh lohnt sich. www.plueckthun-eiscafe.de

Lukas
Moderne Gastronomie im restaurierten Königlich-Preußischen Bahnhof zu Kupferdreh, großer Biergarten, Tagesangebote. http://lukas-essen.de

Aldi
Warum nicht? Die Filiale liegt am Wendepunkt der Tour (Zeche Victoria, Nierenhofer Str. 76) und ist klimatisiert, sitzen kann man am Stollenmund.

Tour 9

- Startpunkt
- Zielpunkt
- Haltestelle
- Parkplatz
- Gastronomie
- Sehenswürdigkeit
- Industriekultur
- Naturerlebnis

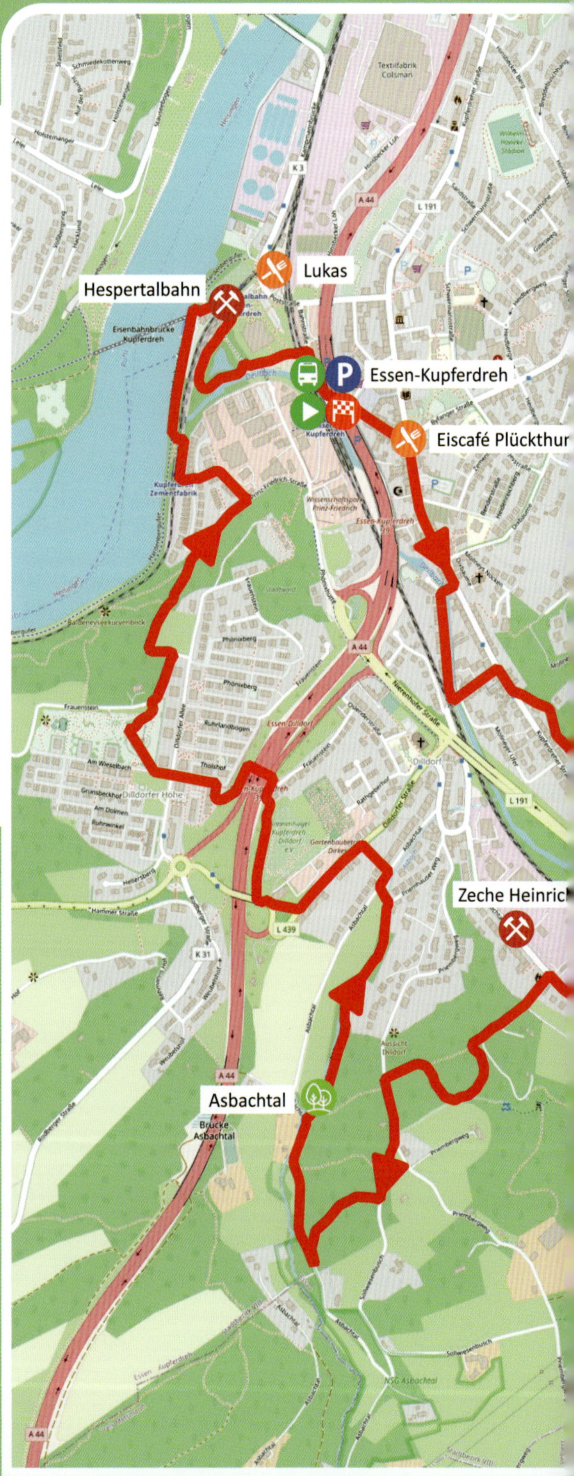

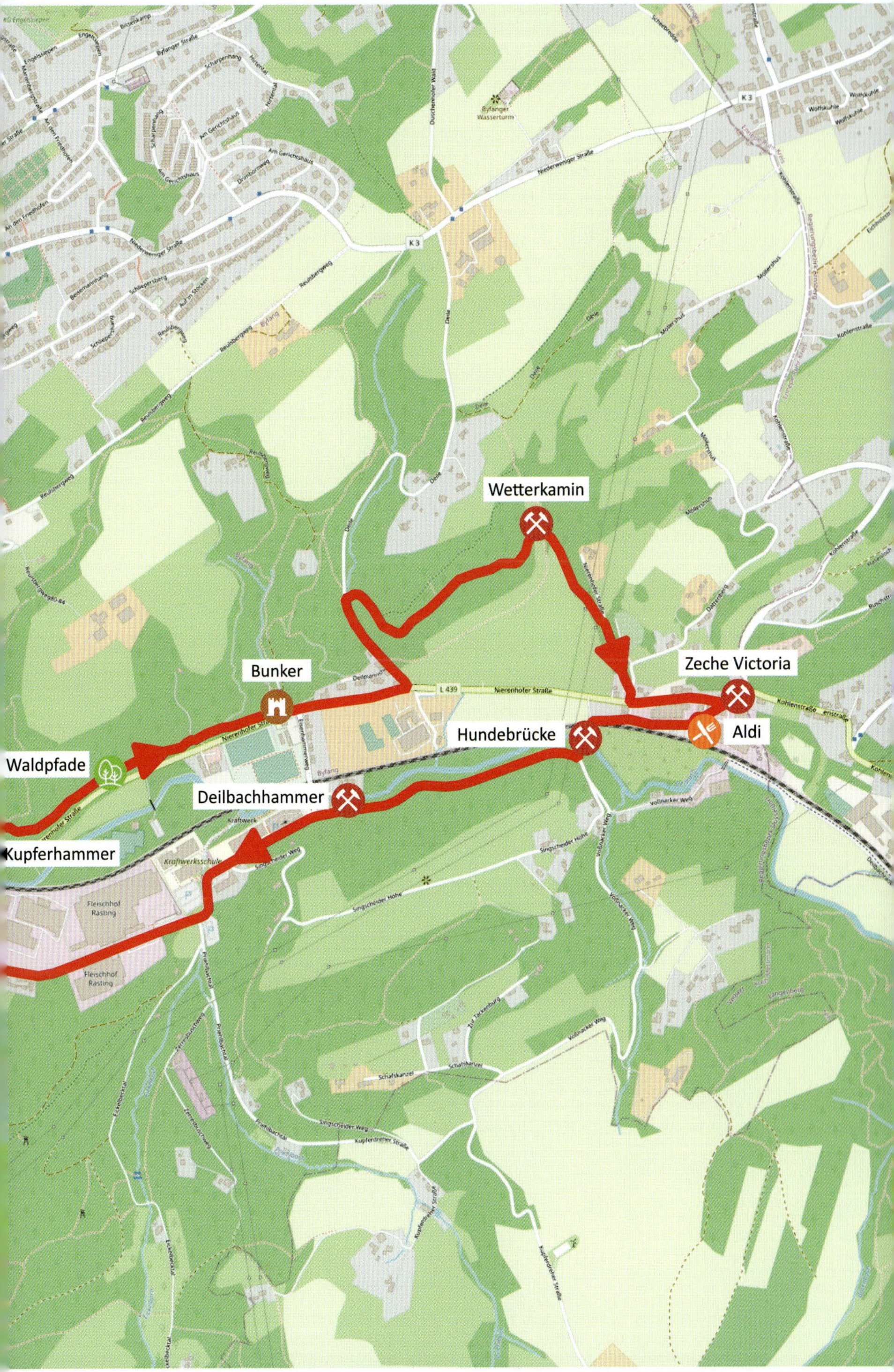

Wetterkamin
Bunker
Zeche Victoria
Aldi
Hundebrücke
Waldpfade
Deilbachhammer
Kupferhammer

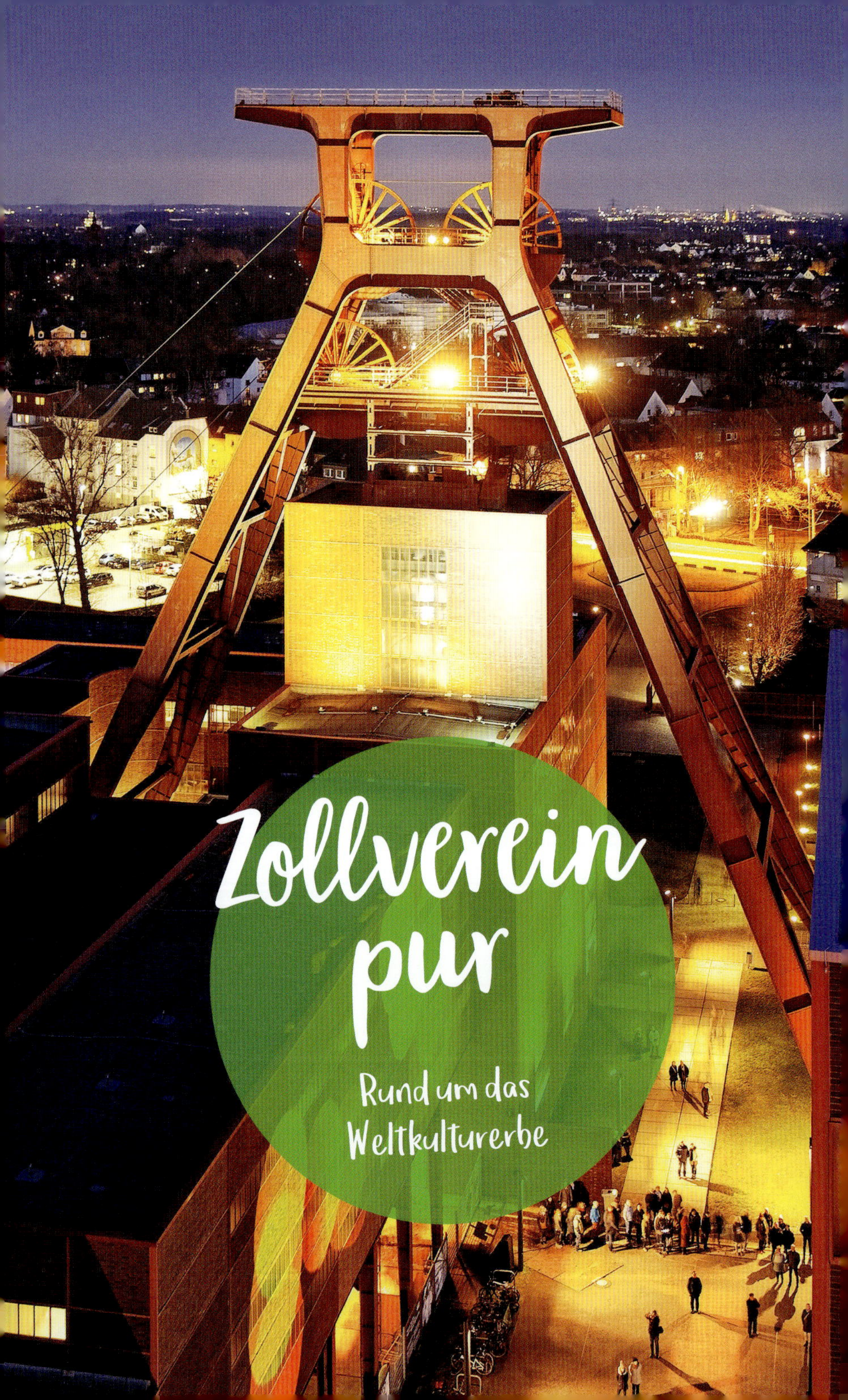
Zollverein
pur
Rund um das
Weltkulturerbe

Zollverein ist eine Industrieanlage der Superlative: Größtes und leistungsfähigstes Steinkohlenbergwerk der Welt! Modernste Kokerei Europas! Schönste Zeche des Reviers! Millionen Besucher lockt das mit dem Titel „UNESCO-Weltkulturerbe" geadelte Vorzeigeprojekt des Strukturwandels an. Unser Rundweg führt nicht nur zu den viel beschriebenen Highlights Schacht 12 und Kokerei, sondern auch zu weniger bekannten Halden und Orten, die vom Leben und Sterben der Bergleute zeugen: zu Zechensiedlungen und zu Denkmälern zur Erinnerung an Bergwerksunglücke.

Tour 10

4:10 Std.

13,4 km

Start/Ziel: Infopunkt am Werner-Müller-Platz, Zeche Zollverein, Parkplatz A 1 (Einfahrt über Fritz-Schupp-Alllee), 45141 Essen

Anreise mit ÖPNV: Straßenbahn 107, Haltestelle Zollverein

Wegbeschaffenheit: gut befestigte Wege, kaum Steigungen mit Ausnahme der Halde Zollverein, wo es kurz steil bergab geht

Besonderheiten: Zwei Abschnitte der Route folgen dem gut markierten Zollvereinsteig.

Wegbeschreibung: Wir starten auf Schacht 12 am Infopunkt zwischen dem Parkplatz A1 und der Kohlenwäsche, wo nun das Ruhr Museum untergebracht ist. Der Infopunkt und www.zollverein.de versorgen uns mit Detail-Infos über das Weltkulturerbe. Um alle Technikdenkmäler, Museen und sonstigen Kultureinrichtungen auf der riesigen Zollverein-Anlage zu besichtigen, benötigt man viele Tage. Unsere Tour vermittelt einen Gesamteindruck und dient als Einführung.
Vom Infopoint machen wir uns auf Richtung Westen. Nach wenigen Metern informiert eine Tafel über den Zollvereinsteig. Die ersten 2,7 Kilometer unserer Tour folgen wir diesem gut ausgeschilderten Wanderweg. Wir werden ihm später nochmals begegnen.

Info

Zollvereinsteig

2022 wurde ein Wanderweg eingeweiht, der Zeche und Kokerei in weitem Bogen umrundet. Der Steig erstreckt sich über 26,4 Kilometer über dem Grubenfeld von Zollverein. In der Reihe „Klartext aktiv" gibt es ein eigenes Buch dazu. Unsere Tour folgt zwei Teilstrecken des Steigs, konzentriert sich aber noch stärker auf Zollverein selbst und hat deutlich weniger Gesamtsteigung.

Ein Asphaltweg führt uns zur Fritz-Schupp-Allee. Sie ist benannt nach dem Architekten Fritz Schupp, der gemeinsam mit seinem Büropartner Martin Kremmer viele Industrieanlagen im Stil der Neuen Sachlichkeit entwarf; seine Bauten prägen Zollverein.
Jenseits der Straße führt ein Fußweg auf eine kleine Halde. Seit 1900 wurden hier Abraum und Schlämme der Schächte 1/2 und später 12 angekippt. Im Rahmen der Documenta IX schuf der Bildhauer Ulrich Rückriem einen Skulpturenwald aus massiven Granitblöcken. Begehbar ist sein „Castell": 24 Quader bilden einen Wall, der aber Durchgänge und -blicke zulässt. Ringsum hat sich ein Biotop entwickelt

aus Birkenwäldchen, Teich, seltenen Pflanzen und Amphibien. Damit sich die Natur ungestört entwickeln kann, ist nur ein Teil der Halde zugänglich.

Wir verlassen sie in Richtung Westen und kreuzen die Straße Arendahls Wiese. Auf der anderen Straßenseite nimmt uns die vorzüglich ausgebaute Ringpromenade auf und führt uns um die Kokerei.

Am Weg

Kokerei Zollverein

Die Kokerei wurde 1961 nach Plänen von Fritz Schupp fertiggestellt, später erweitert und bis 1993 betrieben. Bis zu 1.100 Arbeiter produzierten hier Koks für die Stahlindustrie. Weltweit ist keine andere Kokerei dieser Größenordnung für Besuche freigegeben.

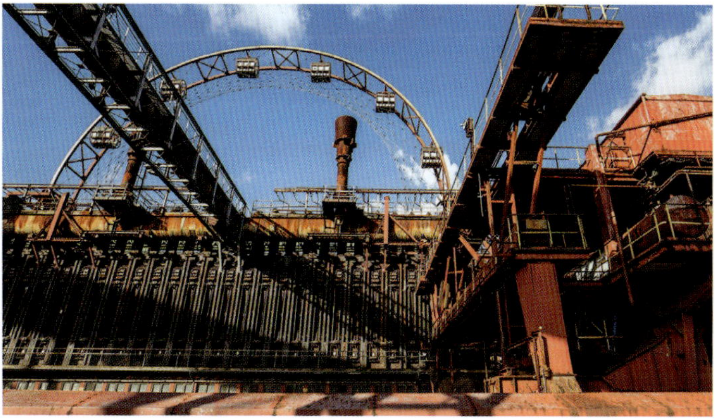

Zwischen den Ventilatorenkühlern rechts und den Skeletten der Kaminkühler links gehen wir auf die rötlichen Verwaltungssitze von RAG und RAG-Stiftung zu. Einen Überblick über die Neubauten gewinnen wir, wenn wir die Treppe halbrechts auf das Dach des begrünten RAG-Parkhauses ersteigen. Am anderen Ende verlassen wir das Parkhausdach und gehen nach rechts zwischen dem Verwaltungsbau

der RAG Montan Immobilien GmbH und dem würfelförmigen Backsteingebäude hindurch. Der Würfel war einst die Sauger- und Kompressorenhalle der Kokerei, er wird unter dem Namen Grand Hall Zollverein als Eventlocation angeboten.
Rechts kommt die 600 Meter lange Batterie aus 304 Koksöfen in den Blick. Die Wasserfläche davor gefriert im Winter zur Eislaufbahn. Wir gehen an der Schmalseite vorbei, passieren die Aussichtsplattform „Himmelsleiter" und folgen dem Zickzackverlauf der Promenade. Links liegen die Neubauten der Folkwang-Universität, der Bahnhof Kokerei Zollverein und das alte Stellwerk. Rechts können wir eine Erfrischung nehmen im Kokereicafé direkt am „Werksschwimmbad", einer Kunstinstallation aus wassergefüllten Überseecontainern, die in den Sommerferien zum Baden geöffnet wird.

Am Weg

Schacht 1/2/8

Der Unternehmer Franz Haniel gründete an dieser Stelle die Zeche Zollverein. 1847 ließ er Schacht 1 abteufen, die Förderung begann 1857. Die erhaltenen Gebäude stammen aus späterer Zeit: das Fördergerüst über Schacht 1 aus dem Jahr 1957, der Förderturm über Schacht 2 von 1964. Die riesige ehemalige Waschkaue dient heute unter der Abkürzung PACT als Choreografisches Zentrum. Gegenüber davon diente die Schreinerei dem 2023 verstorbenen Künstler Thomas Rother jahrzehntelang als „Kunstschacht", Atelier und Ausstellungshalle für eine umfangreiche Sammlung von Bergbau-Devotionalien.

Wir kreuzen erneut Arendahls Wiese und gehen auf Schacht 1/2/8 zu. Zwischen PACT und Kunstschacht biegen wir nach links in die Bullmannaue und folgen ihrem Knick nach rechts. Nr. 11 war Sitz der Zollverein-Direktion und beherbergt jetzt die Stiftung Zollverein, deren Aufgabe die denkmalgerechte Erhaltung des Weltkulturerbes ist. Von der Bullmannaue biegen wir links in die Straße Schonnebeckhöfe und unterqueren am Bahnhaltepunkt Zollverein Nord die Köln-Mindener Eisenbahn. 150 Meter weiter verlassen wir die Schonnebeckhöfe und biegen links in die Köln-Mindener Straße ein. Rechts gelangen wir auf einen Grünstreifen, der uns nach Norden führt durch Essen-Katernberg, ein für die Belegschaft von Zollverein aus dem Boden gestampftes Viertel. Der Weg verläuft parallel zum renaturierten Katernberger Bach, bis wir links in die Straße Termeerhöfe einbiegen und dann rechts in die Meerbruchstraße.

Am Weg

Kolonie Hegemannshof

1856 kaufte Franz Haniel den Hegemannshof von Bauern und ließ auf dessen Grund in mehreren Bauabschnitten eine der ersten Arbeitersiedlungen des heutigen Ruhrgebiets errichten. Die Meerbruchstraße gibt noch einen guten Eindruck von der anderthalbgeschossigen Backsteinarchitektur. Zwar sind Schwengelpumpen, Petroleumlampen und ein Teil der Selbstversorgungs-Gärten verschwunden, doch die 50 denkmalgeschützten Vierfamilienhäuser und die alte Lindenallee lassen die Atmosphäre der Zeit um 1890 erspüren.

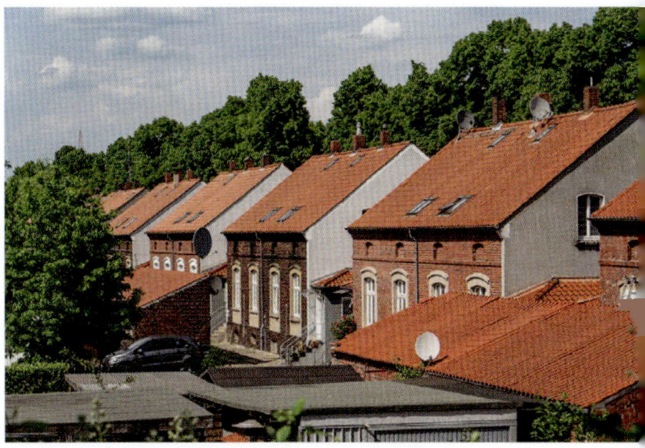

Etwa in der Mitte ihrer Süd-Nord-Ausdehnung wird die Meerbruchstraße von einer ehemaligen Bahntrasse durchbrochen. Dies war die Zechenanschlussbahn zur Schachtanlage 4/5/11, heute verläuft darauf der Nordsternweg für den Radverkehr. Die Trasse kann auch zu Fuß begangen werden. Unmittelbar vor der Bahnunterführung biegen wir nach rechts in einen schmalen Fußweg. Nach gut 100 Metern gelangen wir links über eine Zickzack-Rampe auf den Nordsternweg. Wir folgen ihm kurz nach Osten und überqueren die Schalker Straße. Links erhebt sich das Minarett der Fatih-Moschee. Rechts gurrt es in den Schlägen der weltweit einzigartigen Taubenklinik.

Abstecher

Schacht 4/5/11 und Kolonie Ottenkampshof

Zollverein Schacht 4/5/11 förderte von 1893 bis 1967, Schacht 11 diente noch bis 1991 zur Bewetterung. Erhalten sind zwei Fördermaschinenhäuser, das Kauen- und Verwaltungsgebäude, ein Maschinenhaus und einige kleinere Bauten. Das sanierte historische Ambiente wird unter dem Namen „Triple Z" als Gründungszentrum vermarktet und ist gut ausgeschildert.

Südlich schließt sich die Kolonie Ottenkampshof an. Sie weist viele geschichtliche und bauliche Parallelen zum Hegemannshof auf. Erkennen können Sie das noch in den Straßen Drokamp und Nienhuser Busch.

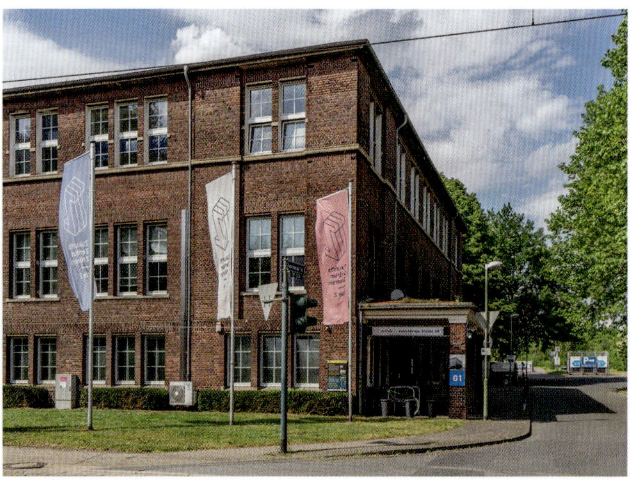

Ab hier folgen wir für rund fünf Kilometer wieder den blau-orangen Markierungen des Zollvereinsteigs. Sie führen links von der Trasse nach Nordwesten auf die Halde Zollverein 4/11.

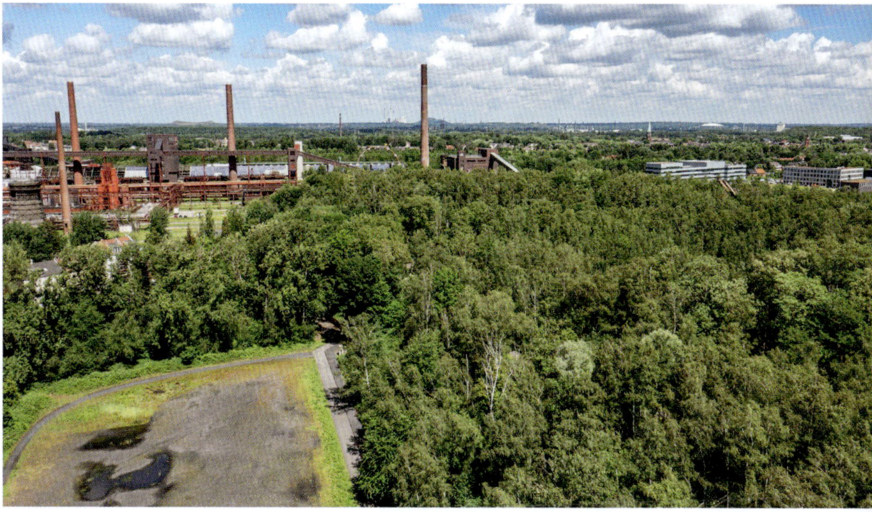

Blick über die kleine Halde Zollverein auf die Kokerei und die Folkwang-Neubauten

Am Weg

Halde Zollverein 4/11

Dieser künstliche Tafelberg liegt bereits auf Gelsenkirchener Stadtgebiet. Er erhebt sich rund 45 Meter über die Umgebung; wegen der Begrünung fällt das kaum auf und auch nicht, wie ausgedehnt diese Halde ist: Die nahegelegene riesige Schurenbachhalde (Kapitel 11), die ebenfalls aus Zollverein-Abraum besteht, ist nur ein Viertel mächtiger. Die Halde Zollverein 4/11 bietet keine Infrastruktur und keine Kunstwerke, dafür aber Ausblicke auf die Kokerei Zollverein und die Essener City. Ihr zu Füßen liegt die Trabrennbahn Gelsenkirchen.

Von der Halde herab führen mehrere Routen. Entweder Sie entscheiden sich für Wanderwege, die so sanft wie der Aufstieg in Serpentinen nach unten führen. Abenteuerlicher ist es, den Zollvereinsteig-Markierungen zu folgen, sie führen auf stellenweise steilen Trampelpfaden hinab.

Am Fuß der Halde geht es nach rechts bis zu einer Brücke über den Schwarzbach. Der Kontrast zwischen diesem Emscherzufluss in seiner Betonrinne und dem bereits naturnah gestalteten Katernberger Bach könnte kaum größer sein. Am anderen Ufer geht es nach rechts durch ein Naturschutzgebiet und dann, die Feldmarkstraße kreuzend, zum Gesundheitspark Nienhausen; dort können wir eine Rast einlegen (Wasserspielplatz, Toiletten, Kiosk).

Der Steig streift den Park nur und führt dann nach dem Kreuzen des Hörderwegs über eine Grünfläche und auf Trampelpfaden durchs Dickicht. Wir queren die Straße Auf der Reihe und erreichen über die Straße Kraspothshöhe den Eingang zum Rotthauser Friedhof.

Am Weg

Rotthauser Friedhof

Seit 1893 wird dieser Friedhof belegt. Heute sind nicht nur blauweiße Ruhestätten von Schalke-Fans zu besichtigen, sondern auch Gräberfelder und Denkmäler zur Erinnerung an drei schwere Grubenunglücke: 1943, 1950 und 1955 kamen bei Schlagwetterexplosionen auf der Zeche Dahlbusch insgesamt mehr als 150 Bergleute um.

Die Markierungen des Zollvereinsteigs führen uns aus dem Friedhof heraus. Über Hilgenboom- und Bonnekampstraße gelangen wir zur Trasse des Zollvereinwegs (ein Rad-/Fußweg, nicht zu verwechseln mit dem Steig). Den könnten wir nach rechts bis zum Ausgangspunkt gehen. Wenn wir es naturnäher möchten, queren wir den Zollvereinweg nur und laufen dann über Trampelpfade und Fußwege nach Nordwesten bis zur Straße Auf der Reihe; ihr folgen wir nach links bis zu unserem nächsten Zwischenziel, dem Handwerkerpark.

Von dort wandern wir nach Westen auf dem Zollvereinweg. Nach 400 Metern können wir einen Abstecher nach Norden machen in die Eisenstraße, Teil der denkmalgeschützten Kolonie Zollverein

III. Dem Zollvereinweg folgen wir bis zur Gelsenkirchener Straße. Die nehmen wir nach links und erreichen das Weltkulturerbe. Unser Ausgangspunkt liegt links vom Doppelbock-Fördergerüst über Schacht 12.

Am Weg

Bürger- und Handwerkerpark Zollverein 3/7/10

1882 begann die Förderung auf dieser zusätzlichen Zollverein-Anlage. Erhalten sind unter anderem das Pförtnerhaus, das begehbare Fördergerüst über Schacht 10 und die Fördermaschinenhalle, wo das „Phänomania Erfahrungsfeld" einen spielerischen Zugang zu unseren fünf Sinnen ermöglicht. Schauen Sie vorab auf der Webseite nach, was wann geöffnet ist.
www.erfahrungsfeld.de

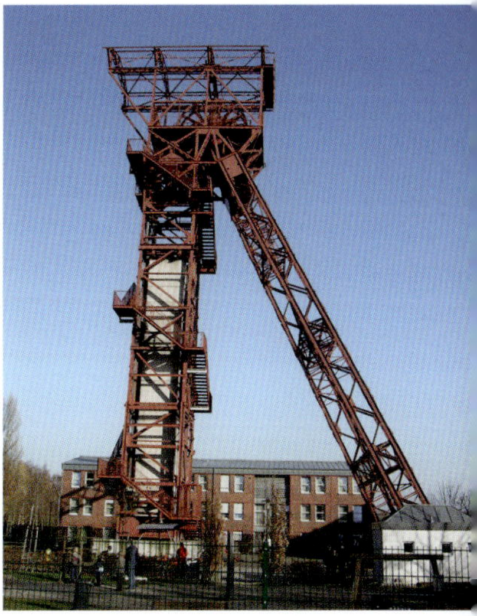

Gastronomie

Die Kokerei
Café-Restaurant mit Biergarten, kleiner Karte und großartigem Industrieambiente direkt an Koksöfen und „Werksschwimmbad".
www.die-kokerei.de

Café Zollverein auf Schacht 3/7/10
An Wochenenden, feier- und ferientags im Phänomania-Bau: Getränke und Snacks; Biergarten, Picknick auf dem Förderturm.
www.cafezollverein.de

Mezzo Mezzo Am Zollverein
Mediterrane Küche an der Gelsenkirchener Straße direkt an Schacht 12, Außenplätze mit Blick auf die Zechengebäude.
www.mezzomezzo.de

Tour 10

- Startpunkt
- Zielpunkt
- Haltestelle
- Parkplatz
- Gastronomie
- familienfreundlich
- Kunstobjekt
- Kulturstätte
- Industriekultur
- Naturerlebnis

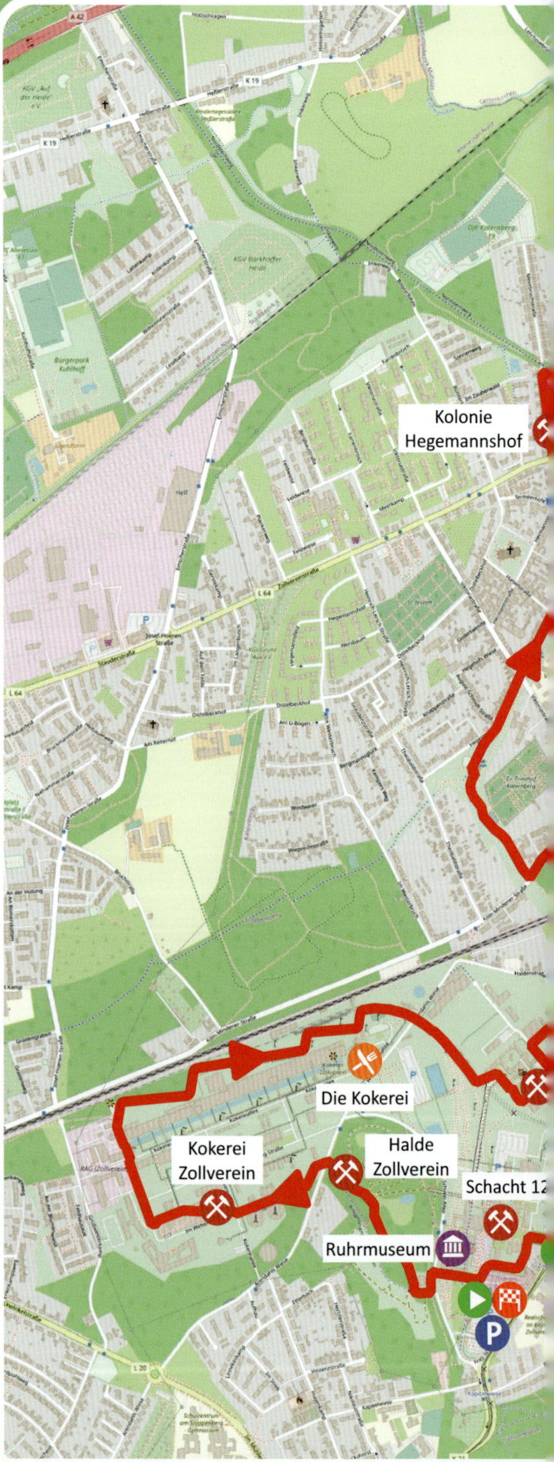

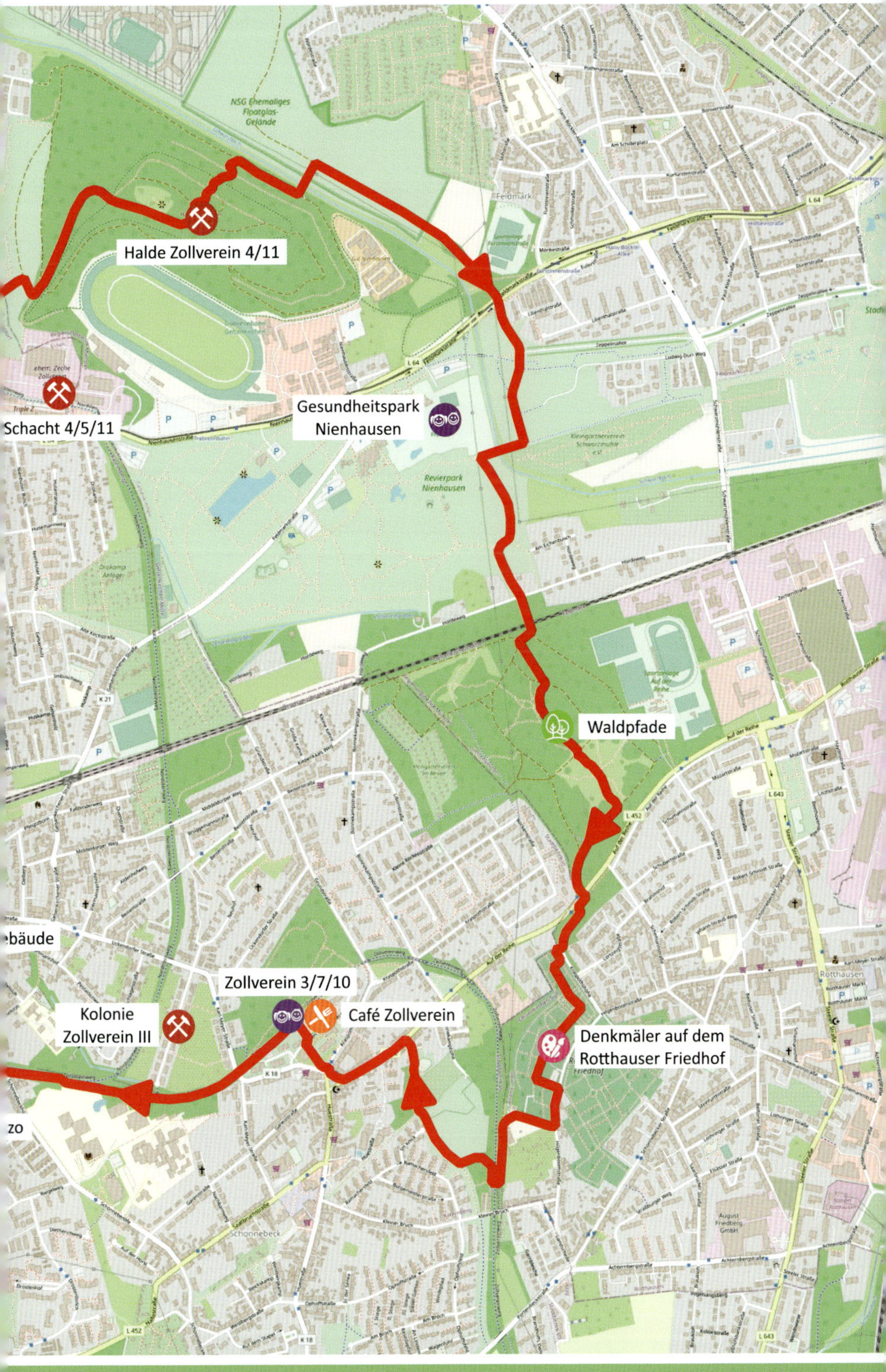
Halde Zollverein 4/11
Schacht 4/5/11
Gesundheitspark
Nienhausen
Waldpfade
ebäude
Zollverein 3/7/10
Kolonie
Zollverein III
Café Zollverein
Denkmäler auf dem
Rotthauser Friedhof
zo

Wahrzeichen des Ruhrgebiets

Vom Nordsternpark zur Schurenbachhalde

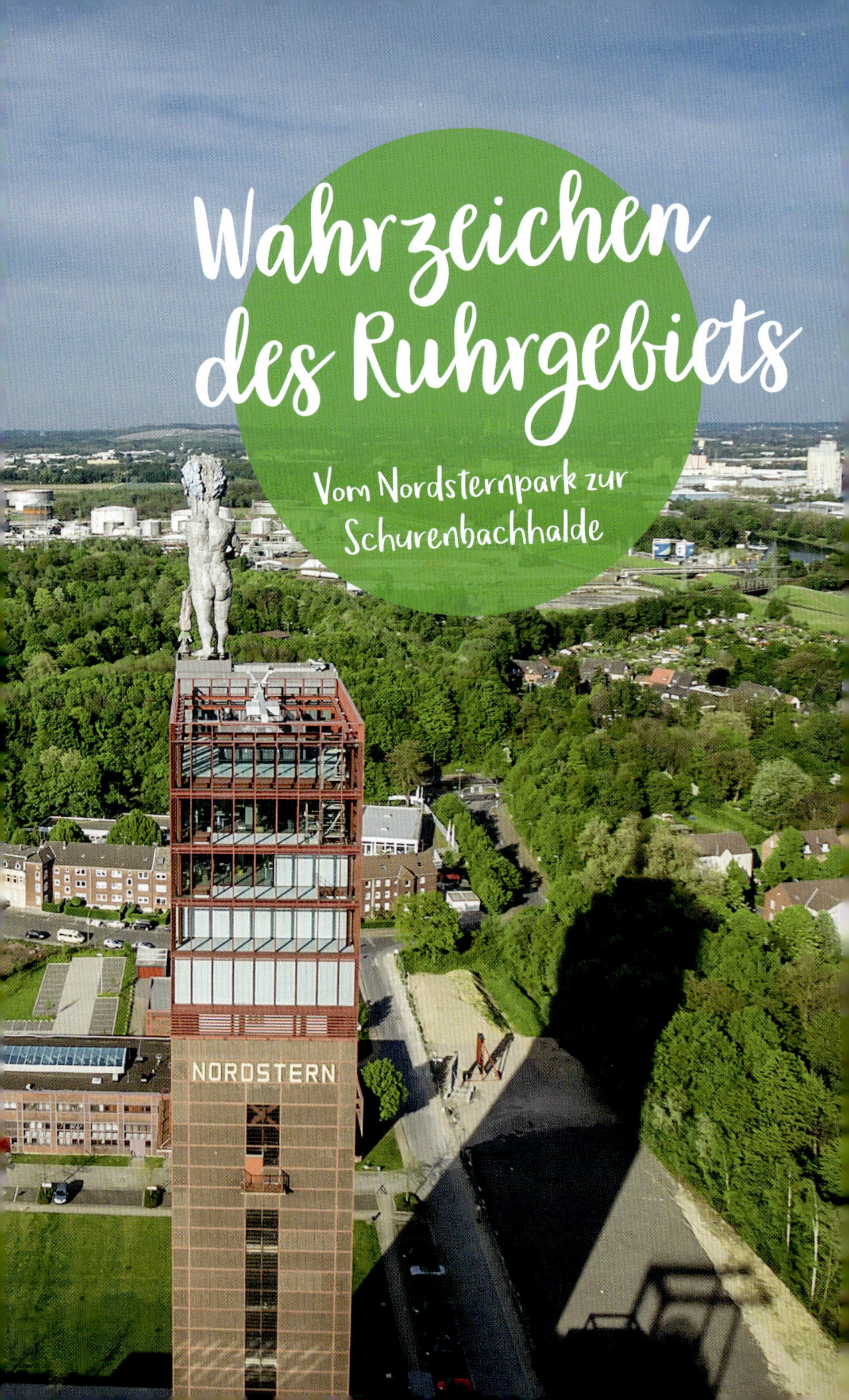

Die Zeche Nordstern bildete 1866 den nördlichen Abschluss des Steinkohlereviers. Bei Betriebsende 1993 war Nordstern dagegen die südlichste: Der Bergbau war nach Norden gewandert. Auch seither hat es hier tiefgreifenden Wandel gegeben. Die Zechenbrache wurde umgewandelt in einen modernen Stadtpark, Künstler von Weltruf hinterließen im Park und auf der benachbarten Schurenbachhalde markante Akzente. Auf dieser Tour können Sie Wahrzeichen des Strukturwandels besichtigen und nicht nur auf Halden hinauf-, sondern auch durch eine hindurchwandern!

Tour 11

3:25 Std.

10,9 km

Start/Ziel: Nordsternpark, Parkplatz Amphitheater (Navi: Grothusstr. 201), 45883 Gelsenkirchen

Anreise mit ÖPNV: Linie 383 ab Hauptbahnhof umrundet den Park halb, Haltestelle Krokuswinkel

Wegbeschaffenheit: jenseits der Halden gut ausgebaute Wanderwege fast ohne Steigungen; wenig Schatten

Besonderheiten: Abstecher möglich vom Carbon-Obelisken nach Nordwesten zu zwei Arbeitersiedlungen: in die Mathias-Stinnes-Siedlung und dahinter in die Gartenstadt Welheim

Wegbeschreibung: Der Parkplatz Amphitheater liegt strategisch günstig für Nordstern-Besuche: Von hier aus können Sie alle Punkte im Park gut erreichen.

Info

Bundesgartenschau

Dass das Gelände der Zeche Nordstern heute ein Park ist, gehört zu den Großtaten des Strukturwandels, die ohne die IBA Emscher Park nicht möglich gewesen wären.

Der Betrieb der Zeche Nordstern vergiftete die Böden, unterwühlte das Gelände, trennte die Stadtteile Horst und Heßler auf Jahrzehnte. Was sollte man nach der Schließung mit der Brache anfangen? Einer der Vorschläge lautete: Standort für eine Sondermüllverbrennung.

Gelsenkirchen entschied sich anders. Mithilfe der IBA und der Bundesgartenschau (Buga) wurden 100 Hektar kontaminierten Industriegeländes innerhalb von nur vier Jahren umgewandelt in einen Landschaftspark, Ausstellungs- und Veranstaltungsort. Die Zechengebäude wurden nicht abgerissen, sondern integriert. Die temporäre Blumenpracht der 1997er Gartenschau mag verblüht sein, aber ihr dauerhaftes Erbe Nordsternpark ist bis heute ein lohnendes Ausflugsziel und wird ein zentraler Schauplatz der Internationalen Gartenausstellung 2027 werden.

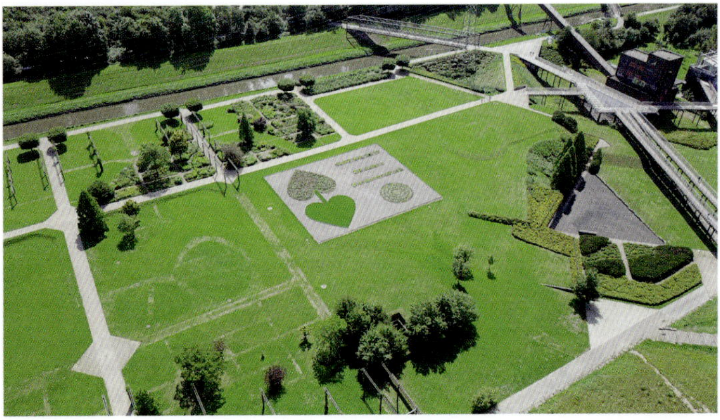

Unser Startpunkt liegt auf einer Insel zwischen der Emscher im Norden und dem Rhein-Herne-Kanal im Süden. Wie das gesamte Zechengelände war dieser Bereich bis 1993 außer für Werksangehörige tabu – wer aus Gelsenkirchen-Heßler in den Nachbarstadtteil Horst wollte, musste einen weiten Umweg machen. Erst die Buga schuf wieder eine Verbindung für alle: durch neue Brücken, deren Bogenkonstruktion und prägnant rote Farbe sie weithin sichtbar machen.

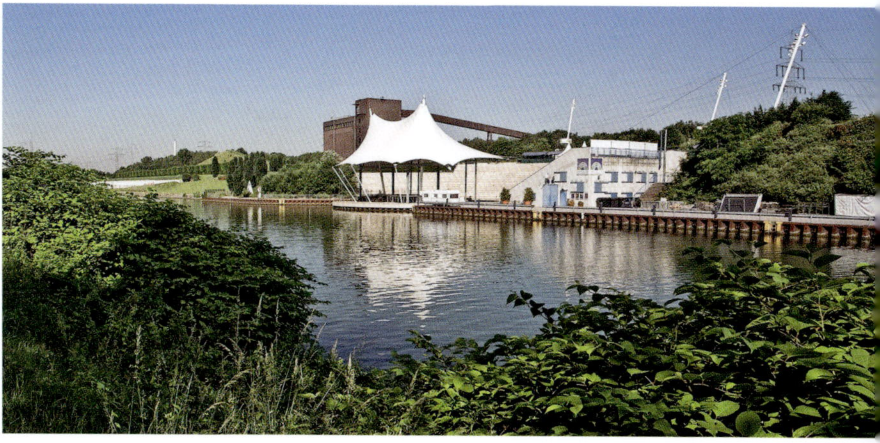

Hier wurden einst Kohlefrachter beladen, jetzt spielt die Musik im Amphitheater.

Abstecher

Amphitheater

Vor uns sehen wir das 1997 eingeweihte Amphitheater. Dieses Theaterrund unter dem weißen Sonnensegel liegt besonders malerisch: Die Bühne befindet sich mitten im Rhein-Herne-Kanal und scheint zu schwimmen. Die Betonstufen bieten Platz für 6.000 Menschen. Hier gibt es weder Sitzkissen noch Regenschutz, aber Konzerte von Klassik über Schlager bis Punk.

http://amphitheater-gelsenkirchen.de

Andere Bauten entstanden nicht erst für die Buga. Wir machen uns jetzt auf den Weg zu den erhaltenen Zechengebäuden im Norden. Dabei laufen wir zunächst auf zwei künstliche Berge zu. Die Halde ganz links wurde durchstochen, um eine anderthalb Kilometer lange Wege- und Sichtachse durchs Gelände zu schaffen. Aus dem dabei angefallenen Material entstand die Pyramide rechts davon; Sie können sie ersteigen und haben bereits einen ersten Aussichtspunkt erreicht. Das Panorama wird nach Norden geprägt von Zechenarchitektur, entworfen von dem berühmten Industriearchitekten Fritz Schupp.

Am Weg

Gebäude der Zeche Nordstern

Fritz Schupp schuf zahlreiche Industrieanlagen in Stahlfachwerk-Konstruktion, darunter für die Zechen Zollverein und Rheinpreußen. Die schnörkellos-elegante Bauweise erwies sich als sehr praktisch, je nach Bedarf ließen sich die Gebäude erweitern.

Das historische Zechenensemble Nordstern 1/2 ist heute Herzstück eines Wohn- und Gewerbeparks. Über Schacht 1 steht das Fördergerüst mit Seilscheiben, über Schacht 2 ein Förderturm: Die technischen Einrichtungen sind in einem geschlossenen Baukörper untergebracht. Der Turm fügt sich somit perfekt zwischen die quaderförmigen anderen Gebäude ein.

Aus dem Schacht 2 förderten Bergleute bis 1993 Kohle. 2010 wuchs der Turm um vier gläserne Etagen. Heute beherbergt er das Nordstern-Museum. Die Dauerausstellung „Wandel is immer" zeigt mit Filmen, Fotos, Soundinstallationen und Dokumenten die wechselvolle Geschichte des Geländes von der Großzeche über die Buga bis zum heutigen Park.

Von der obersten Etage haben Sie aus 83 Metern Höhe einen atemberaubenden Ausblick. Über Ihnen steht jetzt nur noch „Herkules", eine 18 Meter hohe und 23 Tonnen schwere Skulptur, geschaffen von Markus Lüpertz. Ungeheure Taten hat der antike Held vollbracht und überblickt nun die Herkulesaufgabe des Strukturwandels.

www.nordsternturm.de

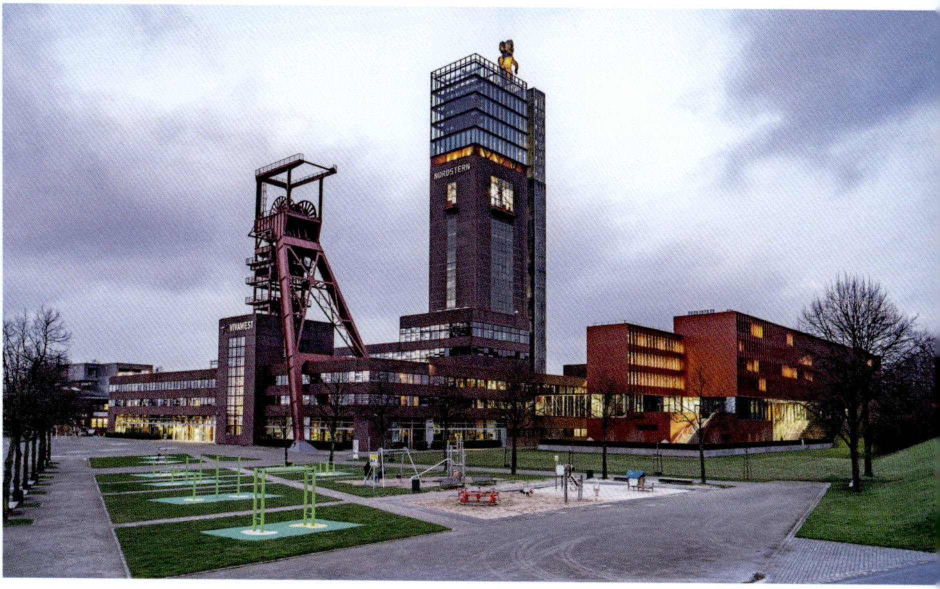

Fritz Schupps Bauten sind umgeben von Wasserspielen, Grün und Spielplätzen.

Lohnhalle und Waschkaue schließen sich direkt westlich an die Fördertürme an, genutzt als Gastronomie und Büros. Wir wenden uns nach Süden und spazieren über die lange Achse durch die Halde. Das große Gebäude rechts voraus war die Kohlenmischanlage. Zwischen ihr und der Pyramide haben Bergbau-Azubis einen 63 Meter langen Besucherstollen angelegt, er wird nur für Gruppenführungen geöffnet.

Vor der Kohlenmischanlage ersteigen wir an der Kletteranlage die Halde, erreichen das Emscherufer und folgen dem Fluss nach Südwesten. Es liegen Welten zwischen dem heutigen Zustand der Emscher und der Drecksrinne, die dem Buga-Publikum von 1997 schonungslos vorgeführt wurde.

Wir folgen dem Ufer bis zu einer bereits auf Essener Gebiet befindlichen Landmarke: Pfeilgerade ragt eine schwarze Skulptur 14 Meter hoch auf. Der „Carbon Obelisk“ der amerikanischen Künstlerin Rita McBride steht hier seit dem Kulturhauptstadtjahr 2010. Die Säule besteht aus tausenden von Kohlestofffasern – eine Hommage an das

Material, dessentwegen Generationen die gesamte Umgebung umgekrempelt haben. Dass über dem Kunstwerk eine Stromleitung verläuft: Schmälert oder steigert das die Wirkung, was meinen Sie?
Je nach Kondition können wir nun einen Stopp einlegen auf dem benachbarten Skatergelände oder im Emscherpark. Unübersehbar liegt unser nächstes Ziel vor uns: die mächtige Schurenbachhalde. Wir gelangen dorthin, indem wir zunächst wieder die Emscher kreuzen, dann ein Stück dem Ufer gen Osten folgen und an der nächsten Brücke den Kanal überqueren.

Am Weg

Schurenbachhalde mit Bramme

Richard Serra erschien gut gelaunt zur Einweihung seines Kunstwerks „Bramme für das Ruhrgebiet". Der berühmte Bildhauer hatte ein Faible für Stahl entwickelt und im Ruhrgebiet schon mehrere Werke hinterlassen. Jetzt, 1998, ließ er einen 67 Tonnen schweren minimalistischen Stahlquader auf die Halde Schurenbach stellen, deren Plateau nach seinen Anregungen ellipsenförmig geschichtet worden war. Aus der Ferne wirkt es, als sei die mehr als 14 Meter hohe Platte in den nackten Buckel gerammt. Serra sagte bei der Einweihung, es sei zwar „auch nach vielen Jahren schwer zu ertragen", wenn seine Werke mit Graffiti versehen würden, „aber als Teenager in San Francisco habe auch ich meinen Namen an die Golden Gate Bridge geschrieben".
Nun, die hiesigen Teenager haben nicht nur ihre Namen auf der Bramme hinterlassen. Insbesondere der Fernwirkung der Kombination Halde/Kunstwerk tut das keinen Abbruch. Die Halde aus Abraum der Zeche Zollverein überragt ihre Umgebung um rund 50 Meter. An ihrem Grund sind der Schurenbach und Siedlungshäuser begraben. Ganz oben ist schwarzer Schotter. Dazwischen wurden 250.000 Gehölze gepflanzt, Wege angelegt, eine Treppe und ein kleiner Teich, an dem die Kreuzkröten quaken.

Die Halde verlassen wir Richtung Osten. Kurz vor der A42 beginnen wir jenseits der Emscherstraße mit dem nächsten Aufstieg.

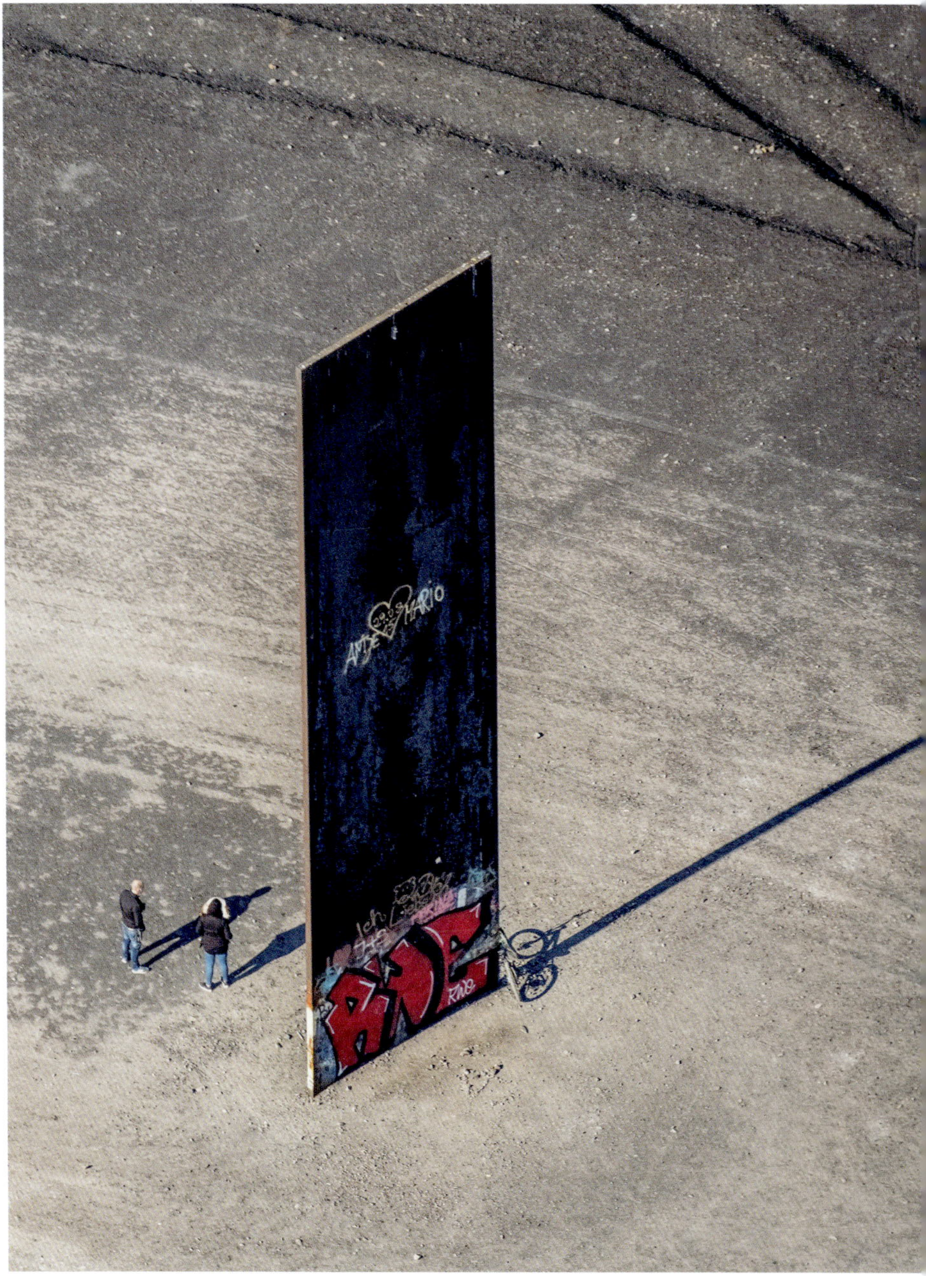

Abstecher

Halde Eickwinkel

Die „kleine Schwester" der Schurenbachhalde kennt kaum jemand, dabei liegt sie direkt nebenan, getrennt nur durch die Emscherstraße. Sie ist mit 21 Metern Höhe über der Umgebung weniger imposant als die berühmte Nachbarin, doch haben Sie auch von ihr aus einen tollen Ausblick insbesondere nach Norden auf Nordstern. Auf der nach einem Eichenwäldchen benannten Halde sind Sie gut aufgehoben, wenn Sie es einsam mögen – und wenn Sie biken: Am nördlichen Fuß der Halde liegt der Knotenpunkt 61 des regionalen Radwegenetzes Revierrad.ruhr, außerdem sind Schurenbach- und Eickwinkel-Halde verbunden über einen naturnahen Mountainbike-Singletrail.

https://www.rvr.ruhr/themen/tourismus-freizeit/startseite-mtb/brammentrail

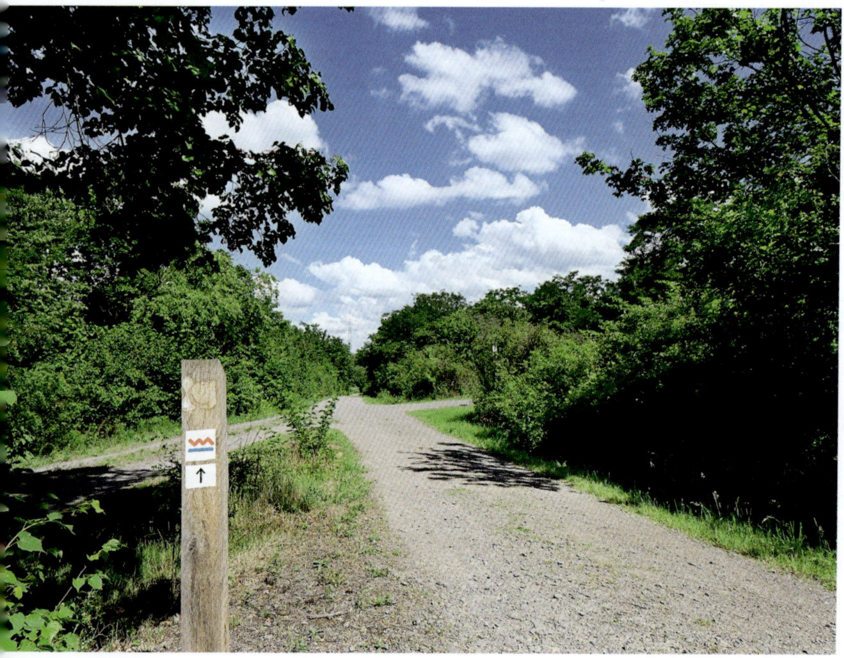

Beim Abstieg von der Halde peilen Sie wieder den Kanal an. Seinem Ufer folgen Sie nach Nordosten bis zum Nordsternpark. Der Uferweg ist die Direktverbindung zur Kanalbrücke vor unserem Ausgangspunkt. Wir dagegen empfehlen einen Bogen durch den Südteil des Nordsternparks: Sie laufen durch eine offene Wiesenlandschaft vorbei an einem großen Matschspielplatz mit Teich und Flößen und dann über eine Lindenallee zurück auf die Insel mit dem Startpunkt unserer Tour.

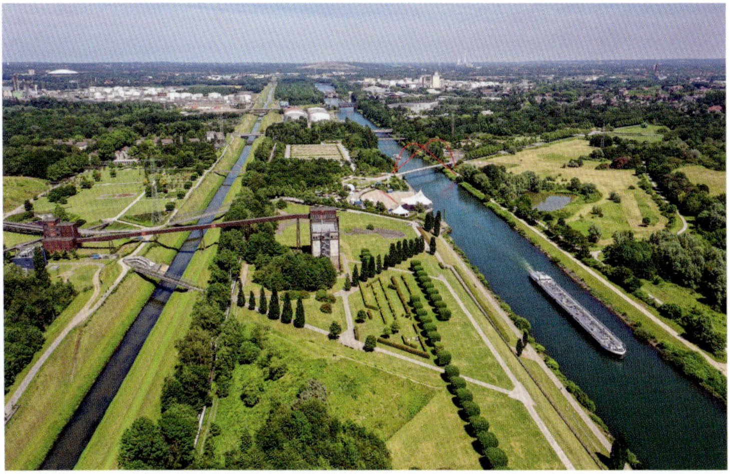

Unsere Tour beginnt und endet auf der Insel zwischen Emscher und Kanal.

Gastronomie

Heiner's Biergarten
Große Freiluft-Gastronomie zwischen den alten Zechenbauten und plätschernden Wasserspielen.
www.heiners.info

Cloud7
Bar, Lounge, Restaurant und Event-Location in der ehemaligen Waschkaue. Gemütlich!
www.heiners.info

Kinderland Integrationscafé
Waffeln am Stiel in charmant handgestricktem Ambiente am Wasserspielplatz.
www.kinderland-gelsenkirchen.de

Tour 11

- Startpunkt
- Zielpunkt
- Haltestelle
- Parkplatz
- Gastronomie
- familienfreundlich
- Kunstobjekt
- Kulturstätte
- Industriekultur
- Fotospot
- Aussichtspunkt

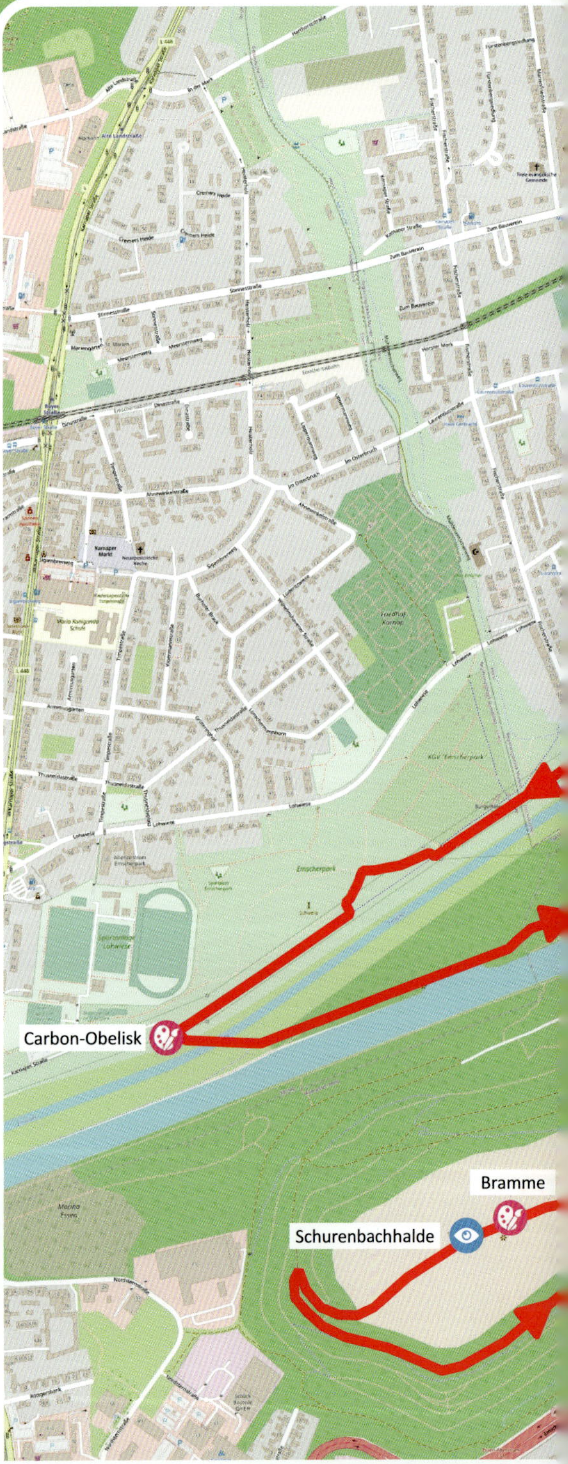

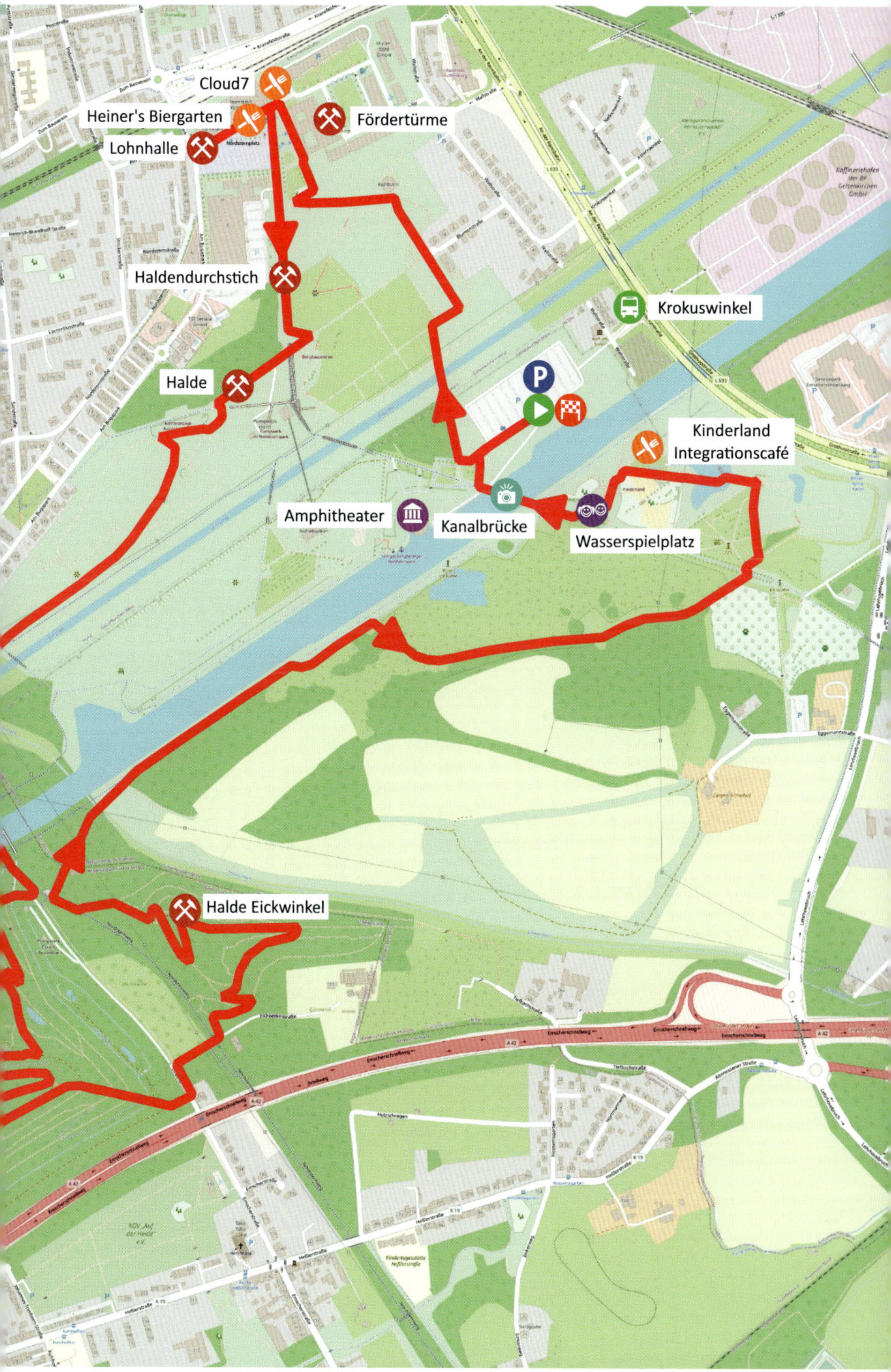
Cloud7
Heiner's Biergarten
Lohnhalle
Fördertürme
Haldendurchstich
Krokuswinkel
Halde
Kinderland
Integrationscafé
Amphitheater
Kanalbrücke
Wasserspielplatz
Halde Eickwinkel

Durch Urwald zur Himmelstreppe

Zeche Rheinelbe

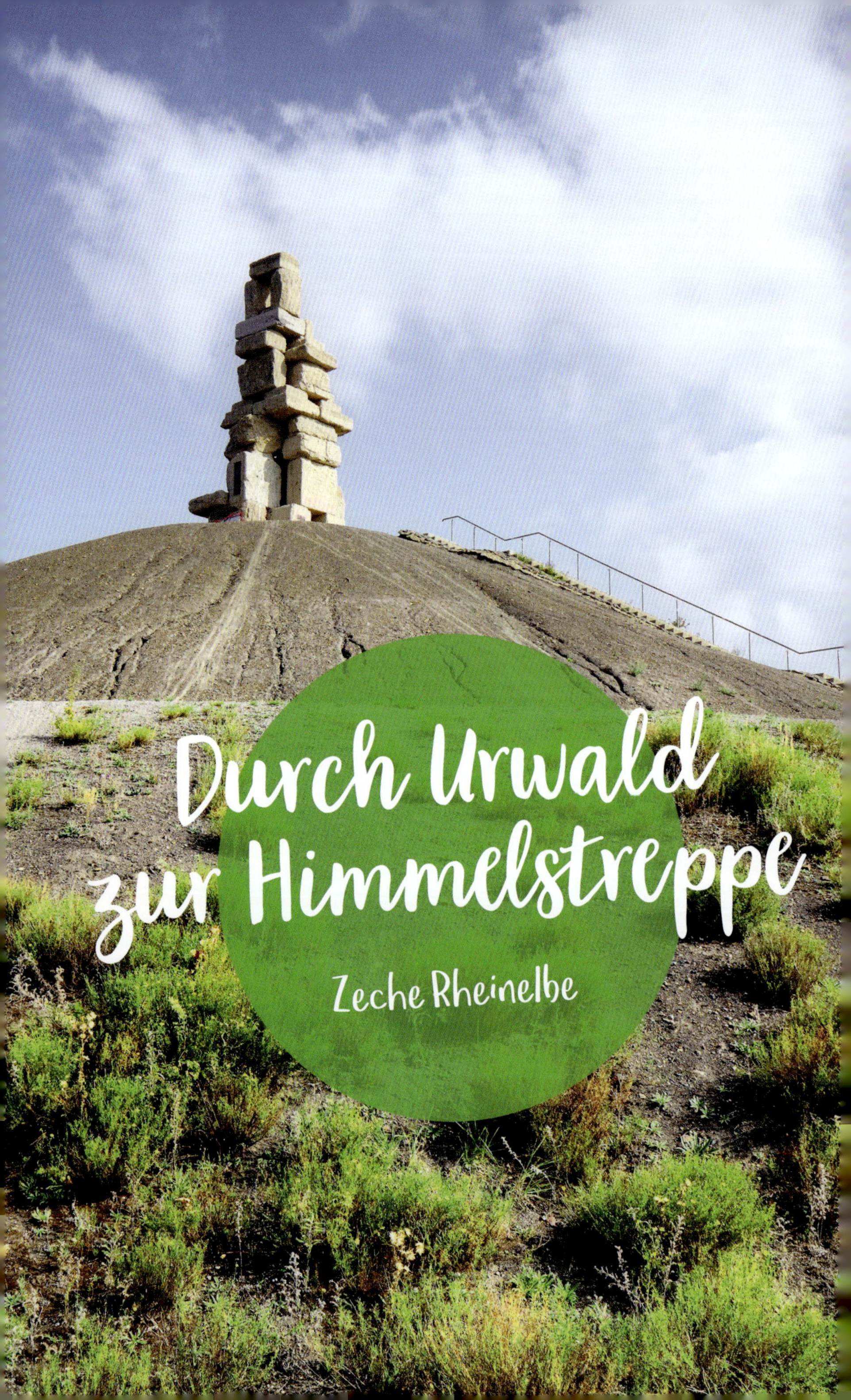

Diese Wanderung führt durch Urwald und Holland in eine Mondlandschaft, vorbei an Zechengebäuden, verborgenen Kunstwerken und hin zu grandiosen Ausblicken. Die Oberfläche wurde durch den Bergbau hier angehoben, dort abgesenkt. Wegweiser gibt es nur wenige. Es ist aber nicht schlimm, wenn Sie nicht exakt der Route folgen – viele Pfade führen ans Ziel, solange die Himmelsrichtung stimmt, und die gibt die Himmelstreppe vor. Trittsicher müssen Sie freilich sein, insbesondere bei feuchter Witterung.

Tour 12

3:28 Std.

11 km

Start/Ziel: Lichthof, Navi: Virchowstr. 102, 45886 Gelsenkirchen

Anreise mit ÖPNV: Bus 389 bis Haltestelle Virchowstraße

Wegbeschaffenheit: Kopfsteinpflaster, Asphalt, Schotter- und Waldwege, Trampelpfade, Aufstieg zur Halde Rheinelbe auf mäßig steilen Wegen oder Treppe möglich, Trittsicherheit erforderlich; Wetterschutz unverzichtbar

Abkürzungsmöglichkeiten: Zeche Holland oder den Aufstieg auf den Mechtenberg weglassen

Wegbeschreibung: Wir starten an dem Ort, von dem aus die Neuerfindung des Ruhrgebiets gesteuert wurde: In den Gebäuden der Zeche Rheinelbe hatte die Internationale Bauausstellung IBA Emscher Park ihre Büros.

Am Weg

Zeche Rheinelbe

Lang und windungsreich ist die Geschichte der Zeche Rheinelbe. Seit den 1850er Jahren wurde Kohle abgebaut in Ückendorf, heute ein Stadtteil von Gelsenkirchen. Als letzte wurden 1974 die Wetterschächte aufgegeben und wie damals üblich viele Anlagen abgerissen. Dasselbe Schicksal traf das benachbarte Gussstahlwerk.

In das Verwaltungsgebäude des Stahlwerks an der Bochumer Straße zog das Arbeitsgericht ein. Die verbliebenen Zechengebäude durchliefen unterschiedliche Nutzungen.

Die Maschinenhalle war zunächst Sitz der IBA. Heute ist in dem vorbildlich restaurierten Backsteinbau das Tagungshotel „Lichthof" untergebracht. Das Land NRW lässt darin seine Bediensteten weiterbilden. Im namensgebenden Innenhof mit seinem Glasdach finden bis zu 200 Menschen bei Empfängen oder Ausstellungen Platz.

Auch Werkstatt, Casino, Telefonzentrale und Trafogebäude werden neu genutzt. Das Kopfsteinpflaster stammt noch aus Zechenzeiten. Nördlich dieser Altbauten entstand zwischen Munscheid- und Rheinelbestraße ein Wissenschaftspark mit preisgekrönter Architektur und parkähnlichen Grünflächen.

Vom Lichthof folgen wir dem Wegweiser zur Forststation Richtung Südosten. Halblinks geht es in den Wald. Hier sind erstmals geheimnisvolle Zeichen zu sehen: Übereinander gestapelte Betonbrocken, gelagert auf Hölzern. Dies ist das „Nord-Ost-Tor" zum Skulpturenwald Rheinelbe.

Info

Skulpturenwald

Der Künstler Herman Prigann streute ab 1995 Überbleibsel der Zeche Rheinelbe ins Gelände: Trümmer aus Beton und Stein, mächtige Holzstämme, Pfähle, Säulen, Eisenteile. Von vornherein war eingeplant, dass diese „Art in Nature" überwuchert werden würde von den Pflanzen, die mit dem spärlichen Nährstoffangebot auf der Zechenbrache zurechtkamen.

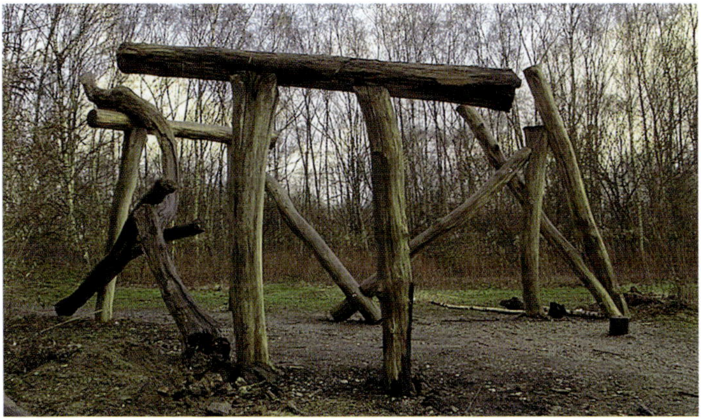

Die Holzskulptur „Mondholz" des Naturkünstlers Herman Prigann

Die steinerne Infotafel am „Tor", die sich Prigann 2008 auf dem Sterbebett auserbeten hatte, wurde durch Schmierereien entstellt. Zerstört haben Vandalen das Kunstwerk auf der gegenüberliegenden Seite des Pfads: die „Blaue Grotte", eine in den alten Sprengstoffbunker integrierte Installation mit blauem Licht. Jetzt ist hinter dem vergitterten Eingang in der Ziegelwand nichts mehr zu sehen.
Wir folgen dem Weg, bis rechts ein Tennisplatz auftaucht und gleich danach links ein rotes Metalltor. Durch das Tor biegen wir nach links auf einen Pfad ein. Jetzt geht's durchs Unterholz auf die kleine Nordhalde.

Wir laufen ein langes „U“ über den Hügelkamm. Hinunter geht es über die „Steintreppe“, eine weitere Prigann'sche Ansammlung von Trümmern. Dann biegen wir links auf den ursprünglichen Hauptweg ein. Er führt uns an der Forststation vorbei.

Am Weg

Forststation

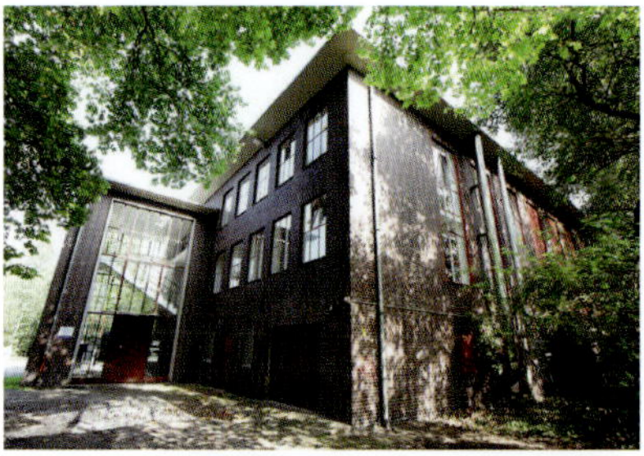

Mitten im Industriewald liegt dieser Bildungsort. Der Landesbetrieb Wald und Holz NRW bietet im ehemaligen Schalthaus der Zeche Rheinelbe Erlebniswanderungen und Programme rund um Umwelt und Nachhaltigkeit an. www.wald-und-holz.nrw.de

Der Hauptweg bringt uns zu einer Brücke. Wir müssen unmittelbar links davor die Treppe hinunter, die Brücke unterqueren und uns nach links wenden. Dem kombinierten Rad- / Fußweg entlang der ehemaligen Trasse der Kray-Wanner Bahn folgen wir nach Nordosten bis zu einer Grünanlage.

Am Weg

Von-Wedelstaedt-Park

Der Park ist eine Oase mit geschwungenen Spazierwegen im Schatten alter Bäume, einem Spielplatz, einem Teich mit Fontäne, Wiesen und Bänken zum Rasten. Er wurde benannt nach Carl von Wedelstaedt, Ückendorfer Amtmann, später Gelsenkirchener Oberbürgermeister und Ehrenbürger. Einige Elemente aus der Ursprungszeit des Parks um 1900 sind erhalten, so das Gärtnerhaus im Südwesten, gestaltet wie ein Schweizer Fachwerkhaus.

Den Park verlassen wir in Richtung Südosten. Zwischen der 1980er-Jahre-Siedlung In der Esch im Norden und dem Wattenscheider Bach im Süden wenden wir uns nach Osten. Die Bachufer sind teilweise gerodet. Sie werden wieder aufgeforstet, sobald der kleine Emscher-Zufluss renaturiert ist. Jenseits der Ückendorfer Straße erreichen wir die Zeche Holland.

Am Weg

Zeche Holland 1/2

Die Zeche hat ihren Namen nach den niederländischen Kapitalgebern. Untertage dehnte sie sich unter dem heutigen Gelsenkirchener Stadtgebiet bis Wattenscheid aus. Sie war von 1860 bis 1974 in Betrieb, die letzten Schächte wurden 1988 verfüllt. Der Weg hierher lohnt sich wegen des einzigen erhaltene Malakoff-Doppelturms des Ruhrgebiets.

Die beiden massiven Türme mit dem dazwischen gesetzten Maschinenhaus wirken wie eine Festung. Erhalten sind auch das neugotische Werkstattgebäude und ein von Fritz Schupp und Martin Kremmer 1925 entworfenes Lüftergebäude. Die Gebäude, umgebaut zu Wohn- und Bürozwecken, befinden sich in Privatbesitz. Auch die nördlich angrenzende Halde darf nicht betreten werden.

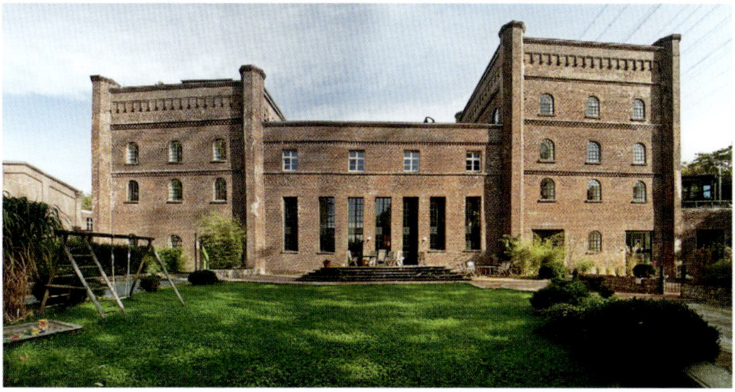

Am Weg

Halde Rheinelbe

Angeschüttet über Generationen, erreichte die Halde Rheinelbe 1999 ihre heutige Ausdehnung. Im Rahmen der IBA wurde ihr ein Kegel aufgesetzt und dem wiederum eine zehn Meter hohe Skulptur von Herman Prigann: Die großen Betonblöcke überragen die Umgebung um mehr als 40 Meter und sind eine weithin sichtbare Landmarke. Die drei Dutzend Quader stammen aus der Kokerei Königsborn.

Die Halde ist wie ein Tafelberg gegliedert. Die untere Terrasse ist noch dicht mit Bäumen und Büschen bewachsen. Je weiter wir nach oben kommen, desto offener wird das Gelände, bis uns spiralförmig angelegte Wege zum kahlen Gipfel führen. Eine Treppe bietet sich als Abkürzung an. Je nach Saison rauschen Biker oder Rodler vorbei.

Oben befinden wir uns in einer Mondlandschaft. Das Geröll heizt sich auf, Wetterschutz gibt es nicht. Dafür haben wir große Teile des Reviers im Blick: Ganz in der Nähe das Wattenscheider Lohrheidestadion, weiter weg die Schalker Arena, gut zu sehen sind das Fördergerüst über dem Deutschen Bergbau-Museum Bochum, die Essener Zeche Zollverein und die Bramme auf der Schurenbachhalde.

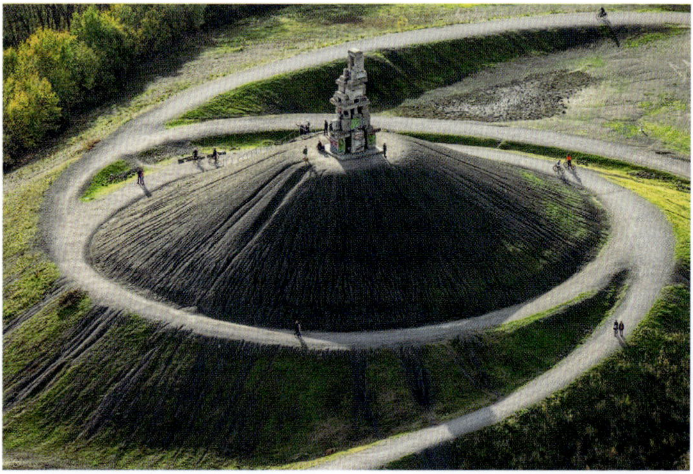

Wir wandern zurück Richtung Westen. Die Hauptattraktion unserer Tour weist den Weg: Priganns „Himmelstreppe" auf der Halde Rheinelbe ist unübersehbar. Von dort oben führen Pfade uns zurück auf die Trasse der Kray-Wanner Bahn. Ihr folgen wir Richtung Essen nach Südwesten bis zur „Windwaage", einer großen Prigann-Installation aus einem dreibeinigen Balken mit Windrad. Jetzt beginnt der Aufstieg.

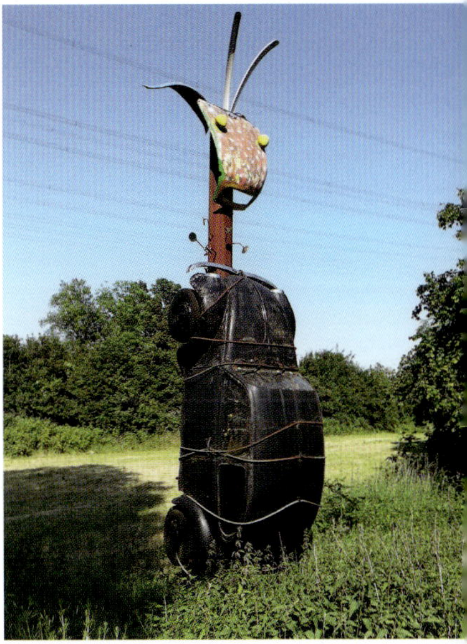

Zurück an der Windwaage folgen wir der Kray-Wanner Bahntrasse Richtung Essen. Sobald wir die Bundesstraße überquert haben, biegen wir rechts ein und bei nächster Gelegenheit links. Wir erreichen den Bauernhof am Mechtenberg, dessen Biergarten sich für eine Erfrischungspause anbietet. Kunst gibt's auch hier: An das „Marter-Totem" wurde ein VW Käfer gefesselt.

Nach der Rast folgen wir dem Weg bis zur ersten Möglichkeit links. Je nach Kondition machen wir eine größere oder kleinere Runde Richtung Mechtenberg.

Am Weg

Mechtenberg

Der Bergbau ließ künstliche Hügel in Gestalt der Halde wachsen – und die einzige natürliche Erhebung absacken: Der Mechtenberg verlor durch Bergsenkungen an Höhe. Im heutigen Naturschutzgebiet genossen schon unsere Vorfahren und deren Vorfahren die Aussicht, in der Nähe des Bismarckturms von 1900 fanden sich bearbeitete Feuersteine aus der Mittelsteinzeit.

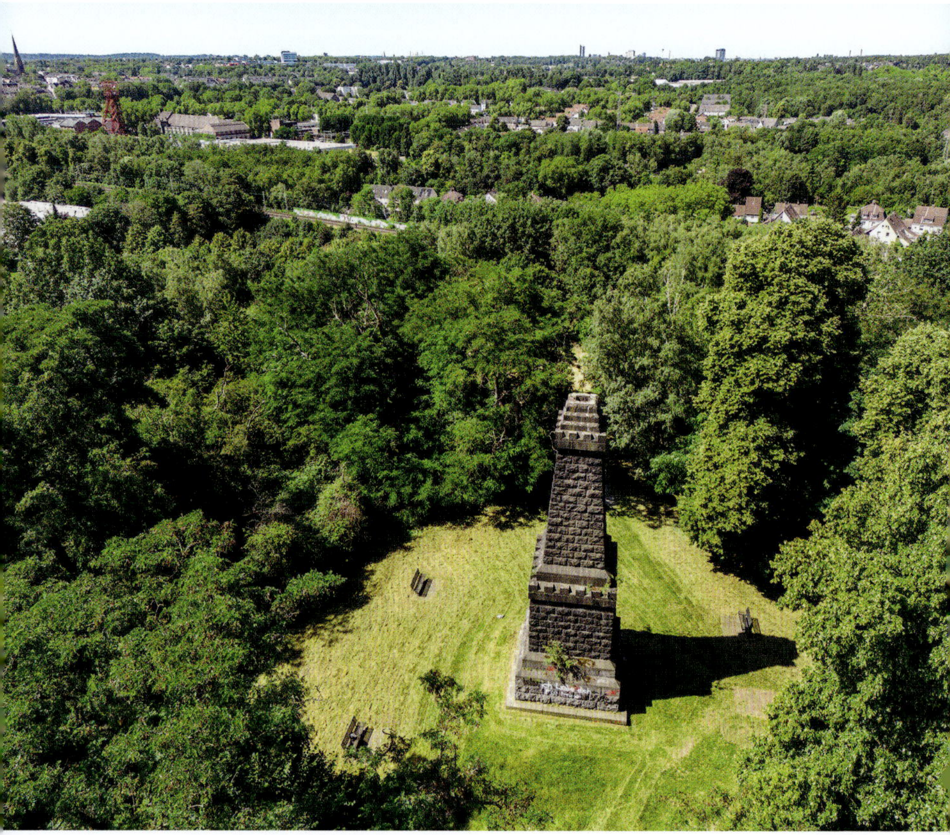

Der Bismarckturm auf dem Mechtenberg trug ursprünglich eine Feuerschale.

Entlang baumgesäumter Felder wandern wir Richtung Nordosten. Über die an eine Bambus-Konstruktion erinnernde Mechtenbergbrücke passieren wir die Hattinger Straße. Dahinter steht links vom Weg eine Aussichtsplattform – etwas verloren, denn ringsum sieht man eine karg überwachsene Altlastendeponie. Augenfällig sind die vier Basaltsäulen rechts des Weges, eine Kunstinstallation von Thomas Link, kreuzförmig aufgestellt wie zum Gedenken an den unter uns verborgenen Umweltfrevel.

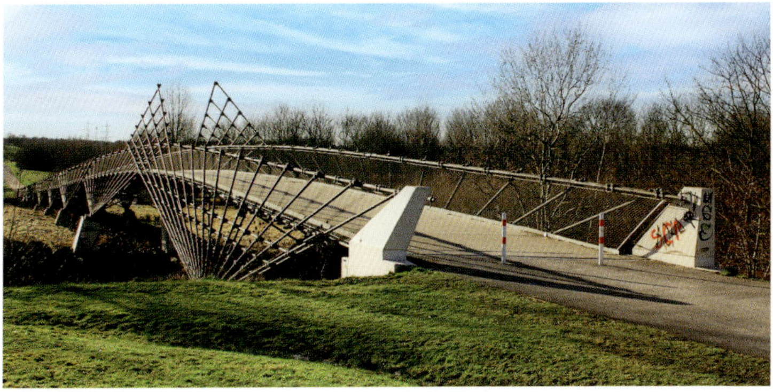

Filigran wirkt die Mechtenbergbrücke und wiegt doch 180 Tonnen.

Wir wandern nach Norden durch den Rheinelbepark. Er gehörte dem Industriebaron Emil Kirdorf, der dort nur Prominenz und seine leitenden Mitarbeiter einließ. Die Mauer ist weg, der Park nun für jedermann zugänglich.
An der Ecke Virchow-/Rheinelbestraße ist eine Direktorenvilla erhalten. Die Virchowstraße bringt uns nach Osten zurück an den Ausgangspunkt.

Gastronomie

Bauernhof am Mechtenberg
Hofladen, Streichelzoo und Biergarten am Mechtenberg. Schöner als im hiesigen Innenhof kann man nicht sitzen. www.bauer-budde.de

Trinkhalle am Flöz
Hippe Kiez-Kneipe 300 Meter östlich vom Wissenschaftspark: 120 Sorten Bier, 50 Limonaden, Solei, Kicker. www.facebook.com/trinkhalleamfloez

Haus Witte
Steakhouse-Restaurant mit rustikaler Einrichtung in Gründerzeithaus, argentinisches Rindfleisch, Mittagstisch. http://steakhouse-hauswitte.de

Tour 12

- Startpunkt
- Zielpunkt
- Haltestelle
- Parkplatz
- Gastronomie
- familienfreundlich
- Kunstobjekt
- Industriekultur
- Naturerlebnis
- Aussichtspunkt

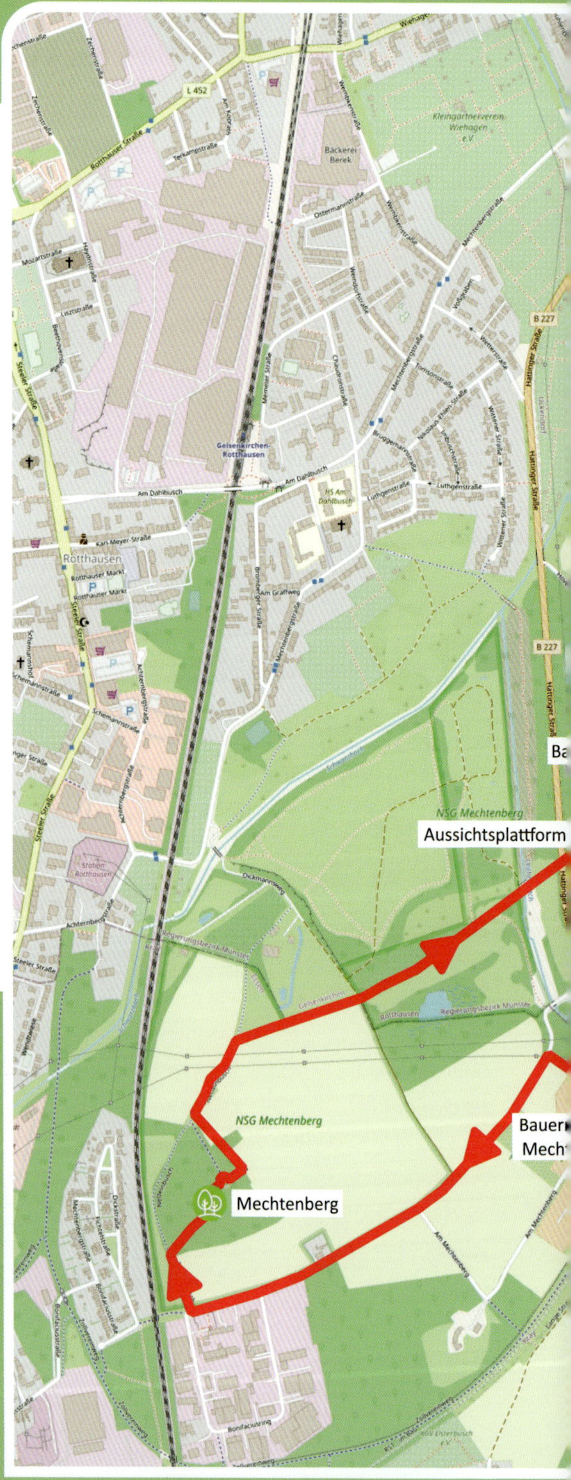

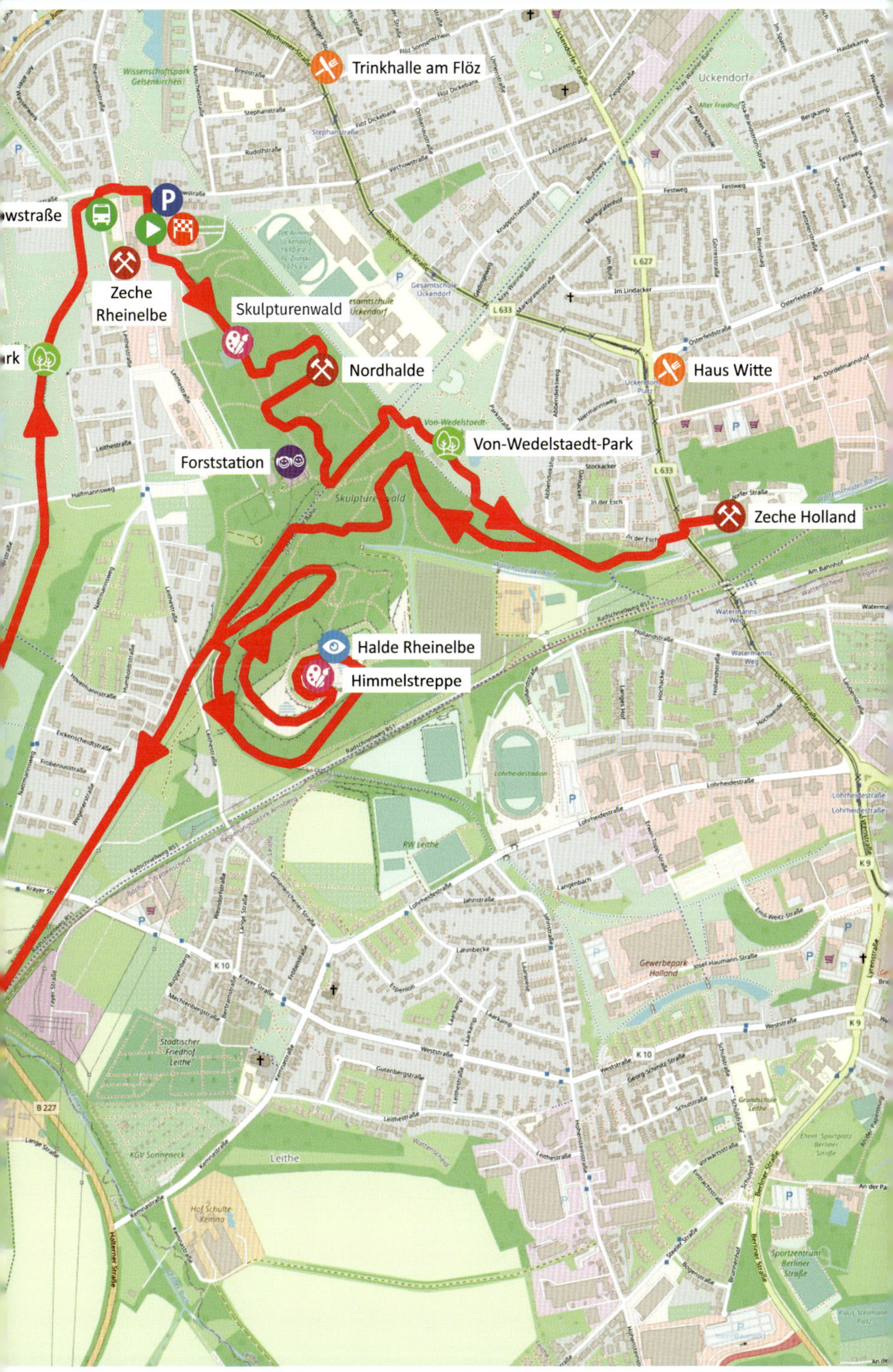
Trinkhalle am Flöz
Zeche Rheinelbe
Skulpturenwald
Nordhalde
Haus Witte
Von-Wedelstaedt-Park
Forststation
Zeche Holland
Halde Rheinelbe
Himmelstreppe

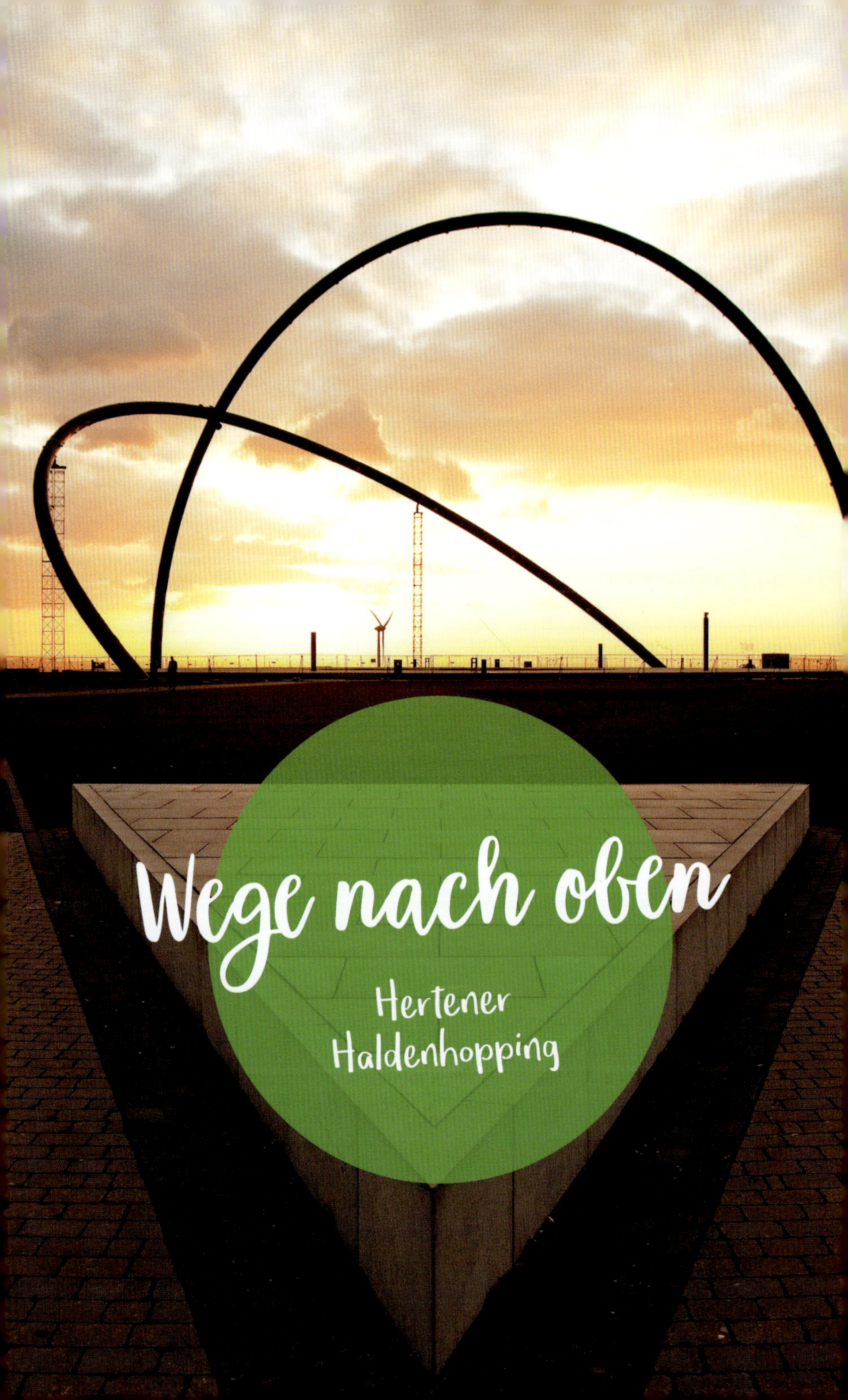
Wege nach oben
Hertener
Haldenhopping

Sie kommen vielleicht aus dem Ruhrgebiet, sind also eher nicht der Drama-Typ. Sie haben womöglich schon einiges gesehen auf der Welt, Ihnen gegenüber sollte man also sparsam sein mit Vokabeln wie „überwältigend". Aber anders kann man das Gefühl nicht bezeichnen, das sich einstellt auf dem menschengemachten Mittelgebirge im Herzen des Reviers. Heute machen wir Höhenmeter. Willkommen in der größten Haldenlandschaft Europas rund um die Halden Hoheward und Hoppenbruch. Große Fernsicht. Großes Kino. Und zwei Bergwerke schauen wir uns auch an.

Tour 13

4:08 Std.

12,7 km

Start/Ziel: Parkplatz 3 im Stadtteilpark Hochlarmark, Navi: Karlstr. 55, 45661 Recklinghausen

Anreise mit ÖPNV: Bus 210 bis Haltestelle Recklinghausen Konradstraße oder Zeche Recklinghausen II

Wegbeschaffenheit: überwiegend breite Fußwege, zweieinhalb Kilometer Asphalt, Treppe, Wetterschutz unverzichtbar

Besonderheiten: 230 Höhenmeter

Wegbeschreibung: Unsere Tour zu Hertener Highlights startet auf Recklinghäuser Gebiet. Die Überbleibsel der Schachtanlage Recklinghausen II liegen in einem beschaulichen Park.

Am Weg

Schachtanlage Recklinghausen II

Recklinghausen II förderte bis 1974. Danach fielen Grubenfeld und Schächte an die Zeche Ewald, die wir später besichtigen. Geblieben ist das Fördergerüst von Schacht IV „Konrad Ende“, benannt nach einem Bergingenieur. In dem Fördermaschinenhaus daneben steht die letzte Dampfmaschine, die für den deutschen Steinkohlenbergbau hergestellt wurde (1967).

Unter der benachbarten, oberirdisch nicht zugänglichen Halde befindet sich eine zu wenig beachtete Attraktion des Ruhrgebiets: Dort verlaufen unter Tage die Anlagen des ehemaligen Trainingsbergwerks für Ausbildungs- und Testzwecke. Heute ist dies ein Besucherbergwerk, in dem Ehrenamtler durch authentisches Pütt-Ambiente führen.

www.trainingsbergwerk.de

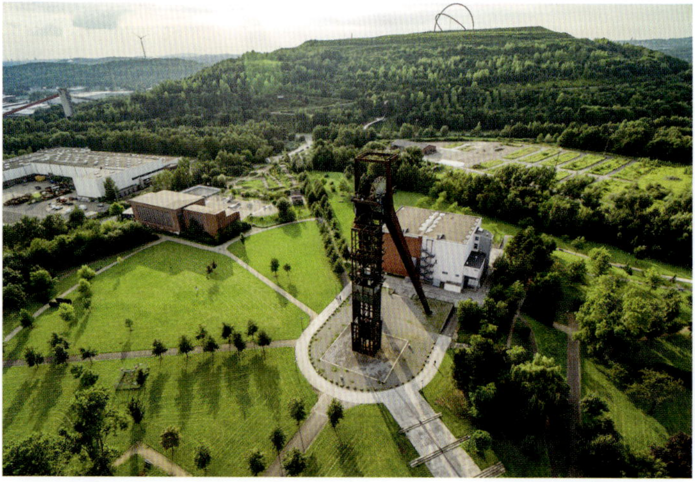

Wir laufen auf dem asphaltierten Weg an der Skater-Anlage vorbei und überqueren die Drachenbrücke. Sie verbindet Recklinghausen-Hochlarmark mit der Hertener Halde Hoheward.

Am Weg

Drachenbrücke

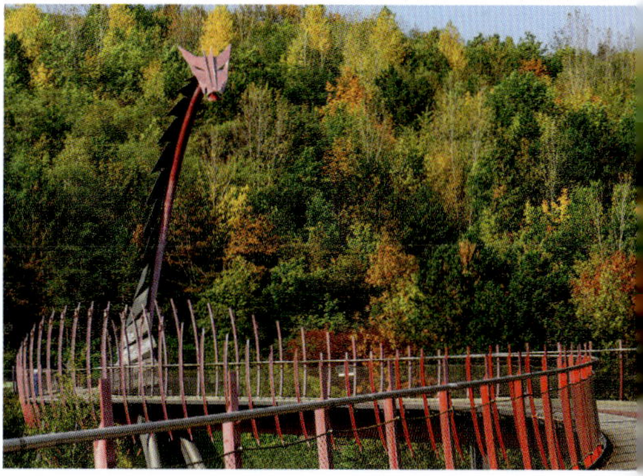

Ein feuerspuckender Drache passt gut in eine lange von Feuer und Rauch geprägte Umgebung. Das Bauwerk überspannt die Cranger Straße, ist 165 Meter lang, leicht geschwungen, dabei aber schwingungsfrei. Die Ingenieure gestalteten es als drachenförmige Bauplastik. Blickfang ist der 18 Meter lange Hals mit Drachenkopf. Er scheint Ihnen entgegenzublicken, wenn Sie Richtung Halde gehen. Die Pfeiler der feuerroten Stahlkonstruktion wirken wie Beine, am Steg sind Geländer-Rippen montiert.

Herten war die größte Bergbaustadt Europas. 130 Jahre Bergbau haben die Umgebung geprägt. Nicht nur wurden Halden aufgetürmt; Bergsenkungen verhinderten, dass die Emscher abfließen konnte, so dass weite Gebiete versumpften. Wasserflächen prägen nach wie vor den Emscherbruch zwischen den Halden, doch ist der Fluss selbst inzwischen renaturiert und seine Umgebung nicht mehr Cholera-Brutstätte, sondern Naherholungsgebiet. Ein Abstecher zum Ewaldsee vermittelt Ihnen einen guten Eindruck davon (siehe S. 156).

Genug der Vorreden, auf geht's! Und zwar nach oben: Die Halde Hoheward überragt ihre Umgebung um 110 Meter. Serpentinenförmig führt der Weg von der Drachenbrücke hinauf.

Am Weg

Halde Hoheward

Hunderte Halden haben Ruhrbergbau und Stahlindustrie hinterlassen, viele davon können Sie heute besichtigen. Hoheward bildet zusammen mit der angrenzenden Halde Hoppenbruch die größte Haldenlandschaft Europas. Geschüttet wurde sie aus Abraum der Zechen Recklinghausen II, Ewald und General Blumenthal.

Das insgesamt fast 240 Hektar große Haldenduo ist heute als Landschaftspark komplett erschlossen: Um die Hoheward-Basis können Sie auf einer acht Kilometer langen Ringpromenade herumspazieren. In der Mitte bietet die Balkonpromenade bereits beeindruckende Fernblicke. Auf dem Haldenplateau begegnen Sie zunächst einer Sonnenuhr: eine kreisrunde Fläche rund um einen 8,5 Meter hohen Stahl-Obelisken, an dessen Schattenwurf Sie die Uhrzeit ablesen können. Noch höher steht auf 152 Metern über Normalnull nur das „Himmelsobservatorium“: Zwei riesige Bögen überspannen die Fläche. Sie wurden als astronomisches Beobachtungsinstrument für jedermann geplant. Da bereits kurz nach der Eröffnung 2008 Risse auftraten, ist das Bauwerk gesperrt und dient lediglich als weithin sichtbare Landmarke.

Vom Plateau aus haben Sie gefühlt das halbe Ruhrgebiet im Blick. Hier oben ist ordentlich was los, der Regionalverband Ruhr (RVR) als Eigentümer gibt einen eigenen Veranstaltungskalender heraus. Charterbusse und Planwagen fahren bis kurz vor die Sonnenuhr. Segway-Fans und Biker machen die Pisten unsicher, im Winter wird gerodelt und ganzjährig gejoggt, Gleitschirmpiloten haben den Westhang für ihren Sport entdeckt und beim „Sunset-Picknick“ legen DJs einmal pro Jahr elektronische Musik auf. Die Halde ist aber weitläufig genug, dass sich die Menschen verteilen.
www.hoheward.rvr.ruhr

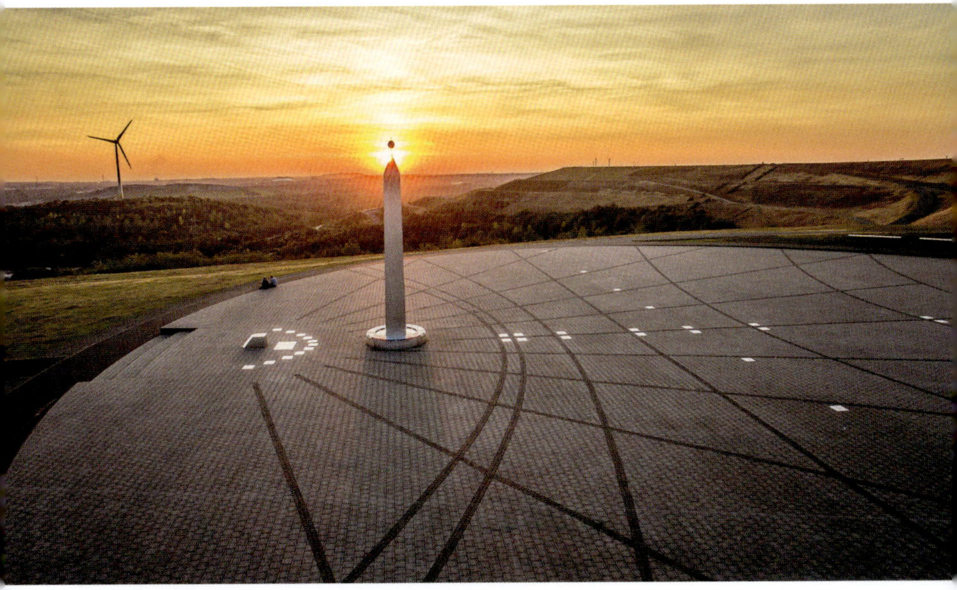

Sonnenuntergang auf der Halde Hoheward

Auf dem Hoheward-Plateau wenden wir uns vom „Observatorium" aus in Richtung Süden. Ziel ist nun das Windrad auf der Nachbarhalde. Dazu verlassen wir Hoheward über Serpentinen, durchqueren das kleine Tal und ersteigen die Halde Hoppenbruch.

Am Weg

Halde Hoppenbruch

Hoppenbruch ist etwas weniger groß und hoch als Hoheward. Das Windrad auf dem Gipfel steht für den Wandel von der fossilen zur erneuerbaren Energienutzung. Hoppenbruch war von Anfang an als Landschaftsbauwerk geplant, darum sind die angepflanzten Schwarzkiefernbestände bereits recht hoch und dicht. Wegen ihrer anspruchsvollen Mountainbike-Strecken ist Hoppenbruch besonders bei Zweiradfans beliebt.

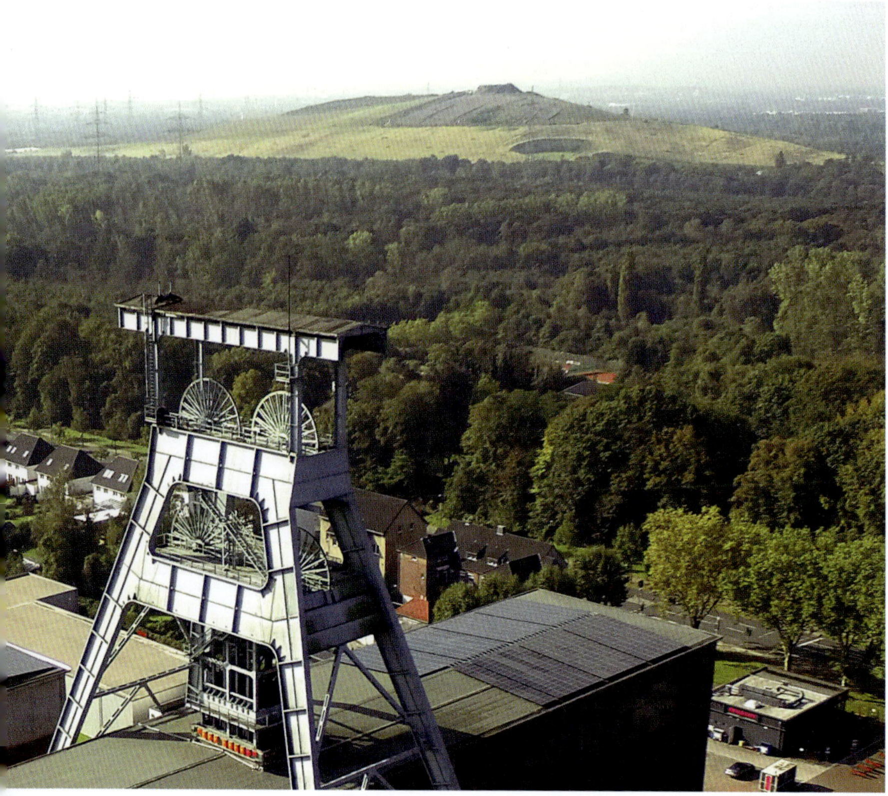

Das Doppelbock-Fördergerüst über Ewald ähnelt nicht zufällig dem von Zollverein.

Nach einer Runde um den Gipfel verlassen wir Hoppenbruch und kehren zurück in das Tal zwischen den beiden Halden. Dort nehmen wir die Ewaldpromenade nach links. An einer kleinen Wasserfläche, dem Mondsee, folgen wir dem Knick der Promenade nach Norden. Schnurgerade geht es nun parallel zum Regenwasserkanal „Blaues Band" zur Zeche Ewald.

Ewald war eine dieser Großzechen, die aus Kleinzechen hervorgingen und als Verbundzeche endeten. Statt mit Details der Geschichte befassen wir uns mit dem, was über Tage erhalten blieb.

Am Weg

Zeche Ewald

Als letzte Zeche auf Hertener Stadtgebiet stellte 2000 Ewald die Förderung ein. Benannt nach einem der ersten Eigentümer, war die Zeche eine der produktivsten im Revier und beschäftigte zeitweilig 4.000 Bergleute.
Wir erreichen das erhaltene Ensemble aus Zechengebäuden über die Promenade. Sie führt durch ein langgestrecktes Gebäude, die ehemalige Hängebank. Darüber erhebt sich das Doppelbock-Fördergerüst von Schacht 7. Es stammt wie das auf Zollverein von dem Architekten Fritz Schupp.
Wir überqueren nach Norden den Doncaster-Platz, er ist nach der englischen Partnerstadt Hertens benannt. An der Ewaldstraße wenden wir uns nach rechts, um die Straßenfront des Verwaltungsgebäudes zu passieren, die mit ihren weißen Fensterlaibungen und Eckquadern elegant wirkt. Dann kehren wir nach rechts auf das Zechengelände zurück und stehen vor der Lohn- und Lichthalle. Dieser schmucke Bau von 1922 ist auch von innen zu besichtigen, denn darin sind das RVR-Besucherzentrum und eine Ausstellung zu den Themen Energie und Astronomie untergebracht; eine Kochwerkstatt soll dazukommen. In der angrenzenden Schwarzkaue hängen noch die Korbketten für die Bergmannskleidung von der Decke.
Aus der Lohnhalle kommend gehen wir nach links, also Osten. Dort schließen sich die Lampenstube, der Prüfraum und das Fördermaschinenhaus von Schacht 2 an. Gegenüber im Süden sieht man das Sägezahndach des Maschinenersatzteillagers. Daneben hat in der 1916 erbauten Heizzentrale der Revuepalast Ruhr seinen Sitz. Unter dem Fördergerüst liegt Schacht 2, wo seit 1892 gefördert wurde.
Direkt dahinter steht über Schacht 1 der vom Zahn der Zeit benagte, aber immer noch massive Malakoffturm von 1888. Es schließt sich das Fördermaschinenhaus von Schacht 7 an, ein Schupp-Entwurf aus dem Jahr 1954.
Ewald wird zum „Zukunftsstandort“ für Wasserstofftechnologie, Gewerbe und Dienstleister ausgebaut. In die meisten Gebäude sind Firmen eingezogen, andere warten noch auf neue Nutzung und neue Fensterscheiben.

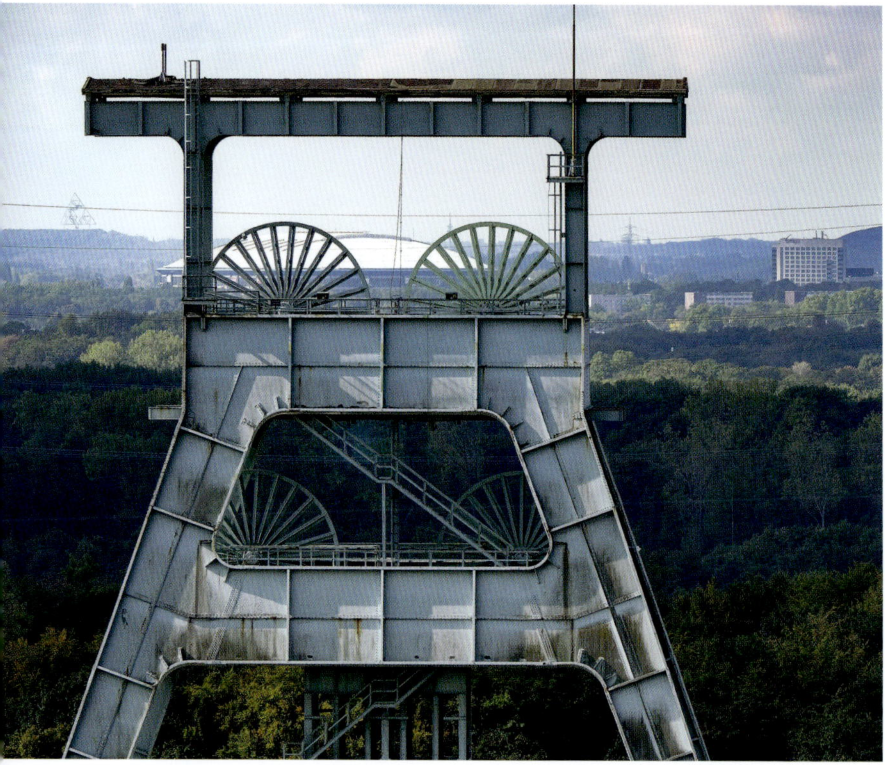

Blick von der Halde Hoheward über Ewald auf die Schalker Arena und den Bottroper Tetraeder

Abstecher

Ewaldsee

Von Zeche Ewald aus liegt gleich westlich der Ewaldstraße der Ewaldsee. Seine Entstehung verdankt dieses Gewässer nicht dem Berg-, sondern dem Autobahnbau. Ein Rundweg führt Spaziergänger und Vogelfreunde rund um das hübsche Biotop – meist mit etwas Abstand zum Ufersaum, so dass Flora und Fauna nicht gestört werden. Am Südufer gibt es eine Aussichtsplattform. Planen Sie für diesen 3-km-Abstecher knapp eine Stunde ein.

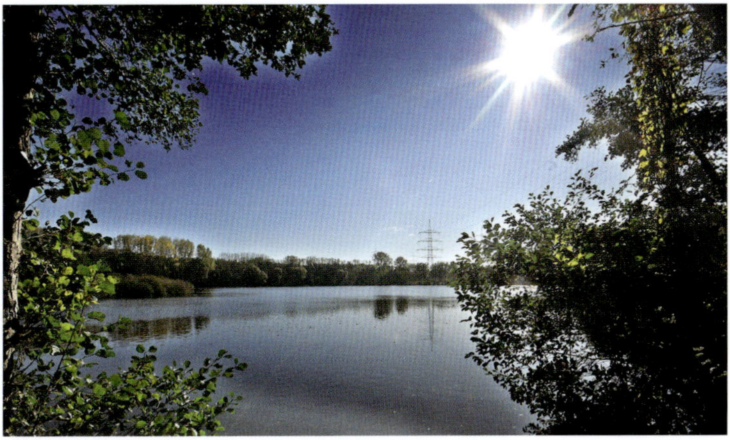

Der Ewaldsee liegt im Naturschutzgebiet Emscherbruch.

Gegenüber vom Malakoffturm führt eine Treppe auf den Westhang der Halde Hoppenbruch. Mehr als 200 Stufen wollen erklommen sein (Sportliche nehmen 27 weitere auf einen Aussichtsturm, die Ewald-Empore), ein Panoramablick über Ewald und den Emscherbruch belohnt die Mühe. Dann wandern wir über den Rücken der Halde nördlich am Observatorium und an der Sonnenuhr vorbei gen Osten und über die Drachenbrücke zurück zum Ausgangspunkt.

Gastronomie

Steelpark Ewald
Der beliebte Biergarten auf Zeche Ewald ist umgezogen und nun samt Frachtcontainerlokal Steelpark an der Albert-Einstein-Allee 7-9 zu finden.

Moto59 Foodtruck
Der Imbisswagen mit Burgern, Fritten und Wurst steht auf Zeche Ewald im Schatten des Malakoffturms, den Biergarten dekorieren Oldtimer.

Ewald-Café
Die Bäckerei Zipper kredenzt am Doncaster-Platz 2 täglich Kuchen und anderes Backwerk, Snacks und Getränke. https://baeckerei-zipper.de

Tour 13

- Startpunkt
- Zielpunkt
- Haltestelle
- Parkplatz
- Gastronomie
- familienfreundlich
- Kunstobjekt
- Industriekultur
- Fotospot
- Aussichtspunkt

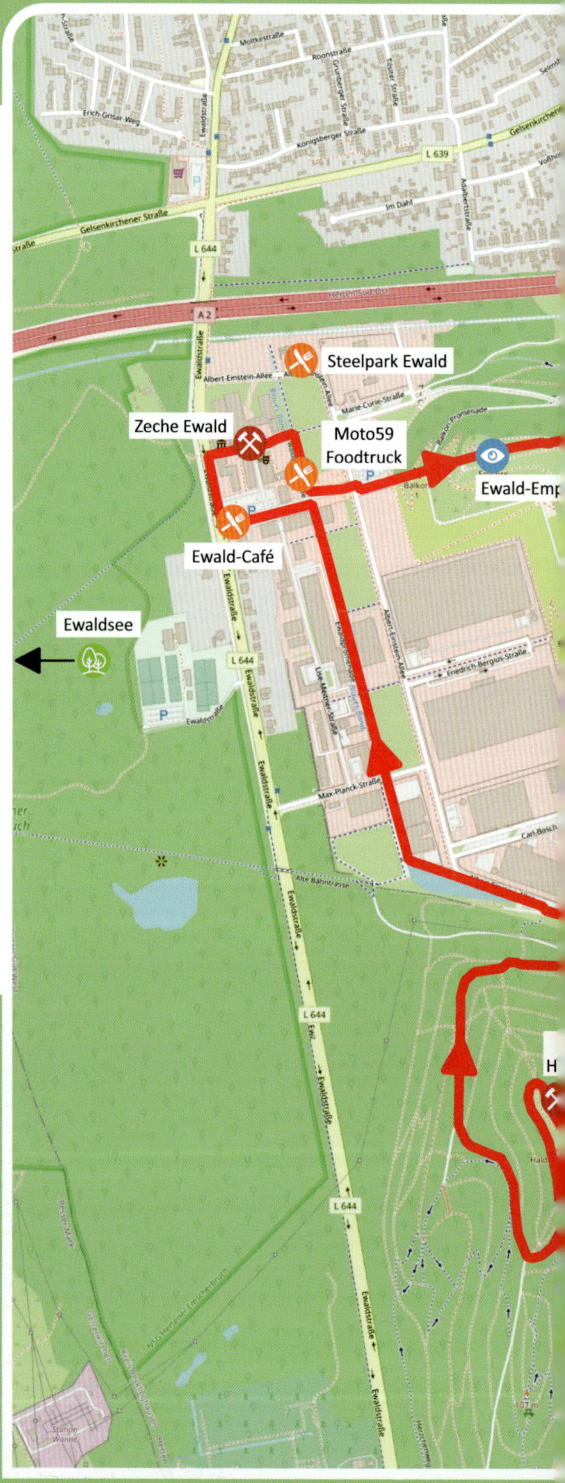

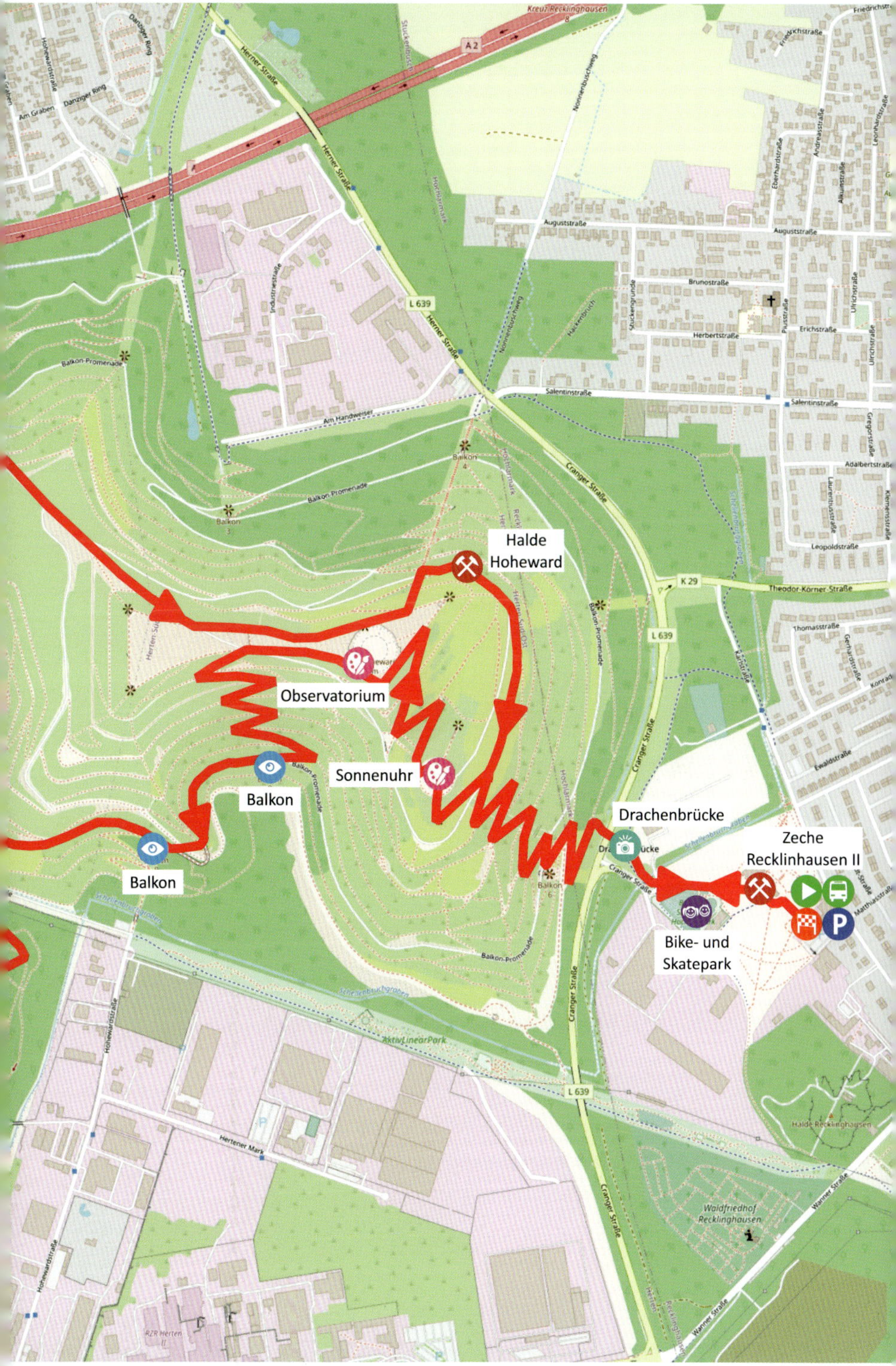

Halde Hoheward
Observatorium
Sonnenuhr
Balkon
Balkon
Drachenbrücke
Zeche Recklinhausen II
Bike- und Skatepark

Praktische Hinweise

Selbstverständlich sind alle Touren in diesem Wanderführer erprobt, und die Wegbeschreibungen und Kartenausschnitte sind so detailliert, dass sie auch ohne technisches Gerät problemlos nachgewandert werden können. Wer zur Sicherheit trotzdem die GPX-Daten herunterladen möchte, findet diese auf der Internetseite des Verlags.

Da die vorgestellten Wege in die Natur führen, sind sie der Witterung und damit der Veränderung ausgesetzt. Sollten Sie feststellen, dass irgendwo unüberwindbare Hindernisse entstanden sind oder dass sich die Wegführungen verändert haben, dann sind Autor und Verlag für einen Hinweis sehr dankbar.

Bitte beachten Sie, dass es sich bei den aufgeführten Zeitangaben um die reine Gehzeit handelt: Auf den vorgestellten Touren ist so viel zu sehen, dass Sie unbedingt zusätzliche Zeit einplanen sollten – und entsprechend Proviant.

Die GPX-Daten zu den Touren sind auf der Internetseite des Verlages hinterlegt.

Ausschlussformel

Alle Informationen und Angaben zu Adressen wurden vom Verlag und dem Autor nach bestem Wissen und Gewissen zusammengestellt. Zum Zeitpunkt der Recherche waren sie korrekt, eventuell kann es nach Erscheinen zu Änderungen kommen. Für die Richtigkeit der Angaben in diesem Buch kann keine Haftung übernommen werden, weshalb die Nutzung auf eigene Gefahr erfolgt. Dies gilt auch für eventuelle Abweichungen bei den GPX-Daten. Für die Webseiten Dritter, die in diesem Werk genannt werden, übernehmen weder Verlag noch Autor Haftung.